《牛道嘉》蒋志鑫作品

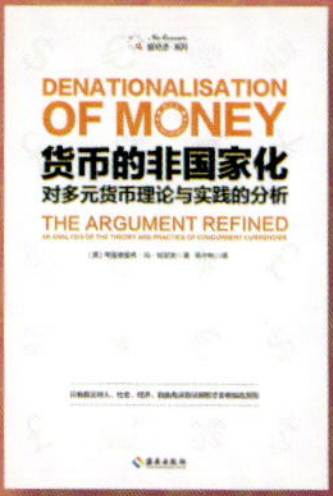

作者：（英）弗里德里希．冯．哈耶克
定价：49.00 元

与每个人的未来息息相关的现代经济学的超前经典之作。

作者：（美）罗伯特．墨菲
定价：52.00 元

让每个人都能像经济学家那样思考，备受经济学家推崇的通俗经济学教材。

作者：（美）里查德 .M. 埃贝林
定价：49.00 元

通过债券、商品、股票、房地产等等与日常经济生活息息相关的元素，轻松了解经济运行的金融逻辑，破解投资理财的根本原则。

作者：冯兴元 珠海就 黄春兴
定价：68.00 元

经济学入门必看读物。掌握看待世界的新方式。著名经济学家张维迎、张曙光、毛寿龙联袂推荐。

作者：（美）汤姆 · 戈 · 帕尔默
定价：42.00 元

揭秘与我们日常生活息息相关的财政支出。冯兴元作序、一众经济学家联合推荐。

作者：（德）安德烈．科斯托拉尼
定价：38.00 元

德国“证券教父”科斯拉托尼自传。大投机家教你在金钱游戏中稳操胜券的诀窍。台湾和香港地区繁体中文版金融财经类销售排行榜榜首。

海南出版社
经济与管理畅销好书推荐

作者：（美）约翰．伯恩
定价：98.00 元

任正非力荐、许知远作序、周鸿祎推崇、全球知名 MBA 院校必读书目。

作者：（美）乔治索罗斯
定价：45.00 元

一本对全球投资者影响深远的书，被基金管理者奉为圭臬的投资宝典，从哲学的角度带你认识资本市场。中文版畅销近百万册！

作者：（美）穆雷．N. 罗斯巴德
定价：59.80 元

一书读懂全球经济走势。著名经济学家张维迎、经济教育基金会主席理查德 ·M. 埃贝林作序；保罗 · 约翰逊、梁小民、钟祥财、连岳、贝乐斯联合推荐。

作者：（美）爱德温．李费佛
定价：45.00 元

巴菲特都推崇的股市的北斗星和航海图、散户炒股的《孙子兵法》。

投资大趋势

·私募大咖篇·

央视财经◎编

海南出版社
·海口·

图书在版编目（CIP）数据

投资大趋势．私募大咖篇 / 央视财经编．-- 海口：海南出版社，2021.4

ISBN 978-7-5443-9846-6

Ⅰ．①投… Ⅱ．①央… Ⅲ．①投资 – 经济发展趋势 – 研究 – 中国 – 2021 Ⅳ．① F832.48

中国版本图书馆 CIP 数据核字 (2021) 第 050731 号

投资大趋势·私募大咖篇

TOUZI DA QUSHI · SIMU DAKA PIAN

编　　者：央视财经
出 品 人：王景霞　谭丽琳
监　　制：冉子健
选题策划：张　琳　姚振山
编辑统筹：宣佳丽
责任编辑：张　雪
执行编辑：于同同　郑金波　余传炫　廖畅畅
责任印制：杨　程
印刷装订：三河市祥达印刷包装有限公司
读者服务：唐雪飞
出版发行：海南出版社
总社地址：海口市金盘开发区建设三横路 2 号　邮　　编：570216
北京地址：北京市朝阳区黄厂路 3 号院 7 号楼 102 室
电　　话：0898-66812392　010-87336670
投稿邮箱：hnbook@263.net
经　　销：全国新华书店经销
版　　次：2021 年 4 月第 1 版　　印　　次：2021 年 4 月第 1 次印刷
开　　本：880mm×1230mm　1/32
印　　张：7.875
字　　数：160 千字
书　　号：ISBN 978-7-5443-9846-6
定　　价：46.00 元

编者序一

张琳　中央广播电视总台财经频道主持人

资本市场一端联接着投资者，一端联接着实体经济，在现代经济和金融运行中，牵一发而动全身。

2020 年 3 月 9 日，美股出现几十年不遇的熔断，而且竟然在十天之内出现了四次，就连 90 岁的投资大师巴菲特都不得不感叹：活久见！更引发了大家对全球经济的担忧。基于当时市场的热度和困惑，央视财经迅速策划制作了 30 期《财经云直播：全球交易市场直击》系列直播，全平台总点击量超过 2 亿次。

这次全新的尝试，让我们感受到，大家对于专业和深度的财经知识有强烈的需求和期待。而作为国家级的主流媒体，定位于“专业、权威、价值”的央视财经，有能力也有责任源源不断地为大家提供优质财经内容。

2020 年年末，中国经济在全球一枝独秀，A 股指数不断上行，越来越多的人在谈论股市的热点变化，身边的亲朋好友都在关注各自的基金收益。职业的敏感性告诉我，市场需要专业和理性的声音，于是《投资大趋势》系列直播应运而生。从 2021 年 1 月 4 日第一个交易日开始，连续 30 天的超长直播，我们精选了来自不同类型的机构投资者和研究者代表，有新兵，有老将，他们对于中国资本市场发展的观察感受，以及对当前市场变化的判断分析，就像是各个不同的切面集中在一起的立体呈现。

股市投资不是撞大运，而是一个学习积累的过程，一段修行的旅程，一场与人性弱点的较量。

今天，我们将直播的内容通过文字的方式沉淀下来，多重视角、层层递进、抽丝剥茧，试图让投资者在享受一场财经盛宴的同时，未来可以用更加专业、理性、全面、长情的眼光，去看待这个市场，去对待自己的投资行为。

2021 年对于中国资本市场，乃至整个中国经济，都是一个新的历史节点。站在这样一个拐点之年，面对扑面而来的权益投资大时代，你的选择会是什么我们不得而知，但央视财经和我们每一位财经媒体人，愿和你一起学习，相伴成长，共享中国经济增长的红利！

编者序二

姚振山　中央广播电视总台财经频道主持人

股市是个多解的方程。

上涨，有不同的理由解读；下跌，也有不同的理由解读，没有标准答案。

这也正是股市的魅力，没有人能够次次预测准确，一切都是概率，下一次买卖总是新的开始。

进入股市，可以是为了求知，了解投资这门学问；可以是为了淬炼自己的性格，学会如何面对人性中的贪婪和恐惧；也可以专门为财富积累而来，找到适合自己的理财方式。

股市里，多空论战应接不暇，培训课程花样繁多，研究报告汗牛充栋，热点事件层出不穷。芸芸众生被吸引，被诱惑，被兴奋，被悲伤，蜂拥而至，流连忘返。

常有开幕，鲜有闭幕。

很难有一个市场，让人的七情六欲能够展现得淋漓尽致：时而欲哭无泪，时而飘飘欲仙，时而蠢蠢欲动，时而痛不欲生，时而望眼欲穿，时而惊喜欲狂。总之，欲罢不能。

工欲善其事，必先利其器。

希望《投资大趋势》系列，能给多解的方程贡献多个正确答案。希望求知者了解股票投资行业的规律，希望性格淬炼者了解投资需要具备的坚韧、专注、自信和孤独；希望为想要实现财富增值的人提供打开财富之门的钥匙。

无论是资深的行业研究人士——能用最宽阔的视野看待产业变迁，还是阶段性的收益率新贵——能够敏锐地捕捉高增长的红利，抑或是经历过多个牛熊转换未被市场淘汰的“老戏骨”——表现出来的稳健和淡定，相信“总有一款适合你”。

找到属于自己的答案，让投资变得简单。

序　一

从分享中受益

屠光绍　上海新金融研究院理事长

上海交通大学上海高级金融学院执行理事

由央视财经编写的《投资大趋势》系列丛书，通过证券、公募基金和私募基金多位资深从业者的视角，回顾了中国资本市场过去 30 年波澜壮阔的发展历史，分析了当前资本市场的现状，也对中国资本市场今后发展的方向和趋势进行了展望。此书既是从中国资本市场重要参与者的视角观察了解资本市场的生动媒介，也是资本市场投资者丰富金融知识和提升投资意识的有益之作，值得一读。

经过 30 年的发展，中国 A 股市场目前有超过 1.8 亿个开户帐户，投资者众多。广大投资者，尤其是新开户的投资者，如何认识和了解投资相关知识，如何理解中国证券市场，以及如何树立自己的投资哲学和投资理念，都是中国资本市场进一步发展过程中非常重要的问题。

人们试图了解和理解一个事物，往往可以通过两种不同的方式。一种方式是通过自己学习、研究和实践去体会；而另外一种方式则是通过其他人的认知、体会和实践来认识。当然，如果能将自己的学习实践和别人的经验体会结合起来就是更有效率的方法，了解和认识金融市场也是如此。为了能够更加充分地了解证券市场，广大投资者可以通过自己的学习和实践，付出真金白银的学费；也可以通过其他证券市场的参与者，尤其是深度实践者的亲身经验、体会和教训，来了解证券市场的发展，学习投资技能，培养自身的投资意识和素质。因此《投资大趋势》系列丛书的编写者做了一件有意义的事。

本系列丛书所聚焦的人员，既有来自证券公司的翘楚，也有来自公募基金和私募股权基金的精英，大都是资本市场的资深参与者。他们不但有关于丰富的资本市场理论知识和实战经验，而且不少还有在中国 A 股市场管理投资的影响力和口碑。正是基于这些经验和成绩，本系列丛书把他们的经验和体会分享给读者，不但能给读者了解中国资本市场提供独特的视角，而且能给读者带来丰富的启示。

资本市场的发展，离不开资本市场参与者的共同努力。作为中国资本市场发展过程的参与者和研究者，我对中国资本市场发展的历史、现状和趋势一直关注，因此我推荐本系列丛书给大家，希望热情参与资本市场投资、有志于推动中国资本市场发展的读者朋友们能读读此书。

是为序。

序　二

中国资本市场三十年：三座丰碑，一个目标

吴晓求　中国人民大学学术委员会副主席　金融学一级教授
中国资本市场研究院院长
中国人民大学原副校长

从 1990 年年底到现在，中国资本市场亦即沪深交易所的建立和运行已经三十年了。“三十而立”的中国资本市场正在展现新的希望，迈向新的台阶，奔向新的目标。

三十年来，中国资本市场虽历经坎坷，但终于走出来了，取得了不凡的成绩：从 13 家上市公司到现在的超过 4100 家上市公司，从几十亿元市值到近 80 万亿元市值，从几十万投资者到今天的 1.8 亿个开户帐户，金融资产和社会财富得到了快速增长。

三十年来，资本市场发展对中国社会进步和经济发展产生了广泛而深刻的影响。三十年来，我们进行了艰苦卓绝的探索，不断改革，不断前行。三十年艰难探索，留下了三座丰碑。

一是沪深交易所的创设和运行，是中国资本市场发展的历史起点，开启了中国金融“脱媒”的时代，是中国资本市场发展历史上具有开天辟地意义的第一座丰碑。

上个世纪 90 年代初创设的沪深交易所，对中国资本市场来

说，是开天辟地的伟大创举，是中国资本市场发展历史上第一座里程碑，意味着中国金融“脱媒”时代的来临，拉开了中国金融市场化改革的大幕。我们非常感谢那个时代改革的先驱者，那个时代资本市场创设的拓荒者。感谢他们的巨大勇气和智慧。在当时乃至之后相当长一段时间，人们并没有深刻地认识到，资本市场对中国经济发展和金融改革所具有的重大作用和深远意义。

二是股权分置改革，开启了中国资本市场制度规范的时代，是中国资本市场发展历史上的第二座丰碑。

由于历史的原因，中国资本市场在发展初期，上市公司存在两类股东：流通股股东和非流通股股东。从流动性角度看，这两类股东的股权处在分置状态，这种分置状态一直延续到 2005 年 5 月。市场实践和理论研究都表明，股权分置的制度设计，体现了在转轨经济条件下建立资本市场的智慧，但也不可避免地造成了上市公司两类股东利益的内在冲突，是上市公司做不好、走不远的重要制度障碍，是制约中国资本市场发展最重要的制度性原因。为了中国资本市场未来的发展，必须推动股权分置改革。

经过几年的探索和理论研究，在党中央、国务院的领导下，在中国证监会的积极推动下，在相关部门的有效配合下，2005 年 5 月，中国证监会正式启动了中国资本市场最波澜壮阔、利益最复杂的股权分置改革。到 2007 年 4 月，全面完成了股权分置改革，实现了市场全流通和上市公司股东具有共同利益机制的改革目标。

股权分置改革不仅有效地解决了股权分置对上市公司和市场带来的种种危害，构建了上市公司不同股东之间共同的利益机制，而且还实现了国有资产在改革中获得巨大增值、市场获得巨大发展的双赢局面。股权分置改革的成功，使中国资本市场进入了正确的发展轨道。所以，股权分置改革无疑是中国资本市场发展历史上第二座里程碑。作为一名金融学教授，我有幸参加了股权分置改革的全过程，并贡献了自己有限的力量。感谢那个时代为股权分置改革的成功做出了巨大贡献的人们，历史不会忘记你们。

三是注册制改革，开启了中国资本市场市场化的时代，是中国资本市场发展历史上的第三座丰碑。

2019 年 6 月 13 日，上海证券交易所在新创设的科创板推行了股票发行制度注册制改革试点。一年后，在深圳证券交易所创业板试行注册制改革。注册制改革引起了市场的积极反应。一年多来，市场总体运行稳中有升，趋势良好。发行制度改革是资本市场制度改革的枢纽。注册制改革回归了资本市场的本源特征，是贯彻落实市场是资源配置的决定性力量的重要体现。随着注册制改革的深入推进，围绕注册制改革而展开的资本市场全方位、立体式市场化改革已经启动。

注册制改革，开启了中国资本市场市场化的时代。中国资本市场由此进入一个新的发展阶段。历史将会为注册制改革树立第三座里程碑。

四是建设 21 世纪新的国际金融中心，是中国资本市场追求的伟大目标。

三十年，我们不忘初心，牢记使命；三十年，我们卧薪尝胆，艰难探索；三十年，我们不畏困难，勇敢前行；三十年，我们蹚过了急流险滩，翻越了雪山峻岭，留下了三座丰碑。如此艰难而又矢志不渝，我们在追求什么？我们的梦想又在哪里？我们始终怀揣着一个伟大的目标：将中国资本市场建设成 21 世纪新的国际金融中心。这个伟大目标，是“中国梦”的重要元素。

实现这个伟大的目标，需要全社会的共同努力；需要经济的持续成长，创新能力的不断提升，市场化改革的深入推进和开放之门越开越大；需要坚实的法治基础，严格的契约精神，充分的透明度和行稳致远的人民币长期信用。

我坚信，我们一定能够实现这个伟大的目标。

序　三

中国资本市场未来可期

宋志平　中国上市公司协会会长

2020 年是中国资本市场诞生 30 周年。在这波澜壮阔的 30 年中，我国资本市场从无到有，从小到大，从弱到强，取得了瞩目成就，为国企改革、民企发展、科技创新等事业做出了卓越贡献。站在 2021 年新的历史节点上，我们向着建立一个更加规范、透明、开放、有活力、有韧性的资本市场的目标继续努力。

央视财经编写的这套《投资大趋势》系列丛书正当其时，通过与证券、基金和私募等领域多位资深从业者的深度访谈，聚焦和深挖行业以预判投资趋势，向外界传达对我国未来资本市场的坚定信心，激励投资者把握战略机遇期，共同迎接权益投资大时代。作为中国上市公司协会会长，我亦感振奋人心，我国资本市场未来可期。

党的十九届五中全会审议通过了“十四五”规划和 2035 年远景目标，全面擘画了我国发展新征程的宏伟蓝图，也为资本市场的发展指明了方向。“十四五”期间，资本市场有三件事情很重要——实行股票发行的注册制、建立常态化的退市机制、提高直接融资的比重，我们的目标和方针都非常清晰。

我们有理由相信中国资本市场将迎来一个稳定、健康发展的新时期。一是双循环新发展格局为中国上市公司提供了更广阔的市场视野和舞台；二是资本市场改革不断推进，制度不断完善，如科创板的开板、新《证券法》的出台、创业板试点注册制的落地、《关于进一步提高上市公司质量的意见》的印发等，这些都具有重要意义；三是资本市场的发展思路很明确。

中国资本市场体现了中国经济的底气和力量，正如熊彼特所讲的“资本的主要功能是用于创新”，现在无论是科技创新，还是企业成长，发展到一定程度都离不开资本市场的支持。资本是企业家创新的杠杆，再优秀的企业家，假定没有资本的支持，也很难做成事。美国不少高科技公司，就是靠纳斯达克等资本市场的培育发展壮大的。今天中国企业创新速度能够加快，也是源于资本市场的支持，同时这些企业快速成长的高市值也支持了资本市场的发展，并为投资者创造了财富。

在这个过程中，我们看到中国资本市场也发生了很多积极变化，其中一个就是从以传统经济为主导逐步转变为以创新经济为主导。创新经济为资本市场增添了新的活力，创新经济和资本市场的结合是今后推动资本市场成长和发展的重要抓手，其中蕴藏着巨大的机会。这是我们看待未来资本市场时要认识到的一个本质性的变化。

所以对于各地而言，要发展创新经济，就要开展多层次资本市场的建设，将创新的事业和资本接轨。支持企业加大股票、债券、私募股权基金等直接融资力度，动员更多的社会资本，让好企业实现良性发展，有效降低负债率。

中国资本市场未来可期，关键有四点原因：

第一，经济基本面。2020 年我国 GDP 增长 2.3%，是全球唯一实现正增长的主要经济体，可谓一枝独秀，这是不容易的。今年政府工作报告提出 GDP 预期增长 6% 以上，保持稳中向好。大家都很看好中国经济的未来。

第二，监管水平。这几年，监管层按着"建制度、不干预、零容忍"的方针，遵照市场化、法治化和国际化的思路积极推进监管工作，方向十分明确，步子非常稳健。

第三，上市公司质量。当前我国沪深两市共有上市公司 4230 家，总市值达 78 万亿元，A 股上市公司累计现金分红 8.4 万亿元。作为资本市场的主体，上市公司质量好不好关系到资本市场的长远发展。在新发展格局下，上市公司要主动承担高质量发展的主体责任，认真贯彻落实《关于进一步提高上市公司质量的意见》的各项要求，牢记初心使命，真正做到"知敬畏、守底线、尽责任"，提高公司治理水平，做优做强。

第四，投资生态。我国资本市场投资者数量已突破 1.8 亿。其中自然人投资者数量占比 99.77%，机构投资者数量占比 0.23%，散户居多，机构偏少，但这种情况正在逐步改变。下一步我们还应聚焦的重点：一是大力发展机构投资者，吸引更多中长线的资金入市；二是引导散户的资金归集到成熟、有经验、有水平的机构投资者手中；三是保护小股东的利益，让投资者有获得感；四是提高散户投资者的投资水平，引导他们做好企业的基本面分析，坚守长期价值投资，降低风险，改善投资生态。

总之，做好资本市场是多方面的工作，需要发挥合力，上市公司要和投资者共同努力，当然还需要媒体的正确引导。无论是宣传资本市场取得的成绩，还是在提高上市公司质量、进一步做好资本市场等方面，我们都希望媒体能发挥积极的正能量，引导投资者逐渐走向成熟。

资本市场“三十而立”，我们要在这样的基础上继续向前发展，责任重大，任务艰巨，使命光荣，我们将不惧风雨，不畏艰难，满怀希望迎接资本市场崭新的未来。

序　四

中国基金业将迎来黄金时代

范勇宏　鹏扬基金管理公司董事长

2021 年是中国经济的复苏之年，是两个百年目标交汇之年，也是“十四五”规划开启的第一年，中国正面临百年未有之大变局的历史时刻，无论是经济的可持续发展，还是科技创新和自主替代，都需要强大的资本市场融资助力。

我看了央视财经在年初举办的融媒体直播节目《2021 牛年投资大趋势》，节目形式很好，社会反响热烈。

20 多年来，伴随着中国经济高速发展、居民财富急剧增加，以及资本市场快速发展，中国基金行业发生了巨大变化。

一是公募基金从无到有，从小到大，发展成为中国资本市场上重要的机构投资者，成为中国金融市场的重要组成部分。20 多年来，公募基金规模实现了从 1998 年初期的 40 亿元到 2021 年 1 月底的 20 万亿元的大跨越，创下公募基金 20 多年以来的新记录。通过汇集广大中小投资者的闲散资金，形成规模巨大的基金，投资于那些优秀的企业和企业家，服务了实体经济，促进了经济转型和资本市场的健康发展。

二是公募基金越来越大众化、普及化，成为发展普惠金融的重要载体，成为中国家庭实现财富长期保值增值的主要理财工具。不久前理财通发布的《2020年国民收入及年终奖调研报告》中，有40.2%的人选择会用年终奖进行投资理财。“炒股不如买基金”越来越深入人心，投资者从基金中获得了较好的投资体验。基金理财不再是口号，而是成为人们生活方式的一部分。作为大众理财工具，公募基金已经成为社会公众实现财富长期保值增值的重要方式。

三是基金管理人公司治理发生了重大变化，从以股本为核心逐步转变为以人本为核心，并出现了专业人士控股的基金管理公司，这是过去20多年来公募基金行业乃至金融行业公司治理发生的重大变化。

四是私募基金迅速崛起，成为中国基金业的重要组成部分和中国资本市场上的重要机构投资者。2007年，最早一批明星基金经理离开公募机构，加入到阳光私募基金创业行列，成为第一批“公奔私”的弄潮儿。随着私募基金的合法化，近年来私募基金管理人数量明显增多，规模增长明显加快。2020年是私募基金的“丰收年”，全年新增产品数量近1.3万只，创出了历史新记录。截至2020年年底，私募证券投资基金管理人有8908家，管理私募证券投资基金规模达3.78万亿元。一批规模大、运作规范、长期业绩良好的私募基金脱颖而出，显示出旺盛的生命力。

在中国资本市场建立30周年之际，中国资本市场面临着巨大的历史发展机遇。

一是中央前所未有地高度重视，“资本市场牵一发而动全身”“增强资本市场枢纽功能，全面实行股票发行注册制”。

二是从股票供给看，随着注册制的全面实施，大量有发展潜力的科技公司、新经济公司上市，为资本市场注入了新鲜血液，为基金等机构投资者提供了更多的选择。

三是从理财需求看，房地产投资时代的结束，保本保息理财产品刚性兑付的打破，财富管理需求巨大。基金作为连接储蓄与投资的纽带，在储蓄转化为投资的过程中公募基金将发挥独特的重要作用。

四是从全球看，在全球经济增长乏力、全球低利率环境下，中国 GDP 稳定增长，并且始终保持正利率，国际投资者在中国还有很大的配置空间。

五是资本市场基础制度建设正走在前所未有的正确大道上，以“建制度、不干预、零容忍”构建资本市场发展良性生态，资本市场基础建设会更加稳固。

随着资本市场法制化、市场化、国际化步伐的加快，中国资本市场进入了一个新的历史发展阶段。从长周期看，看好中国资本市场的长期走势。短期看，要处理好全面注册制带来的股票供给过大与中长期资金来源不足的问题，需要充分考虑股票二级市场的承受力，避免股市大起大落。要超常规地发展基金等机构投资者，拓宽各类中长期资金来源，特别是要大力发展养老基金、企业年金等长线资金，为全面注册制提供充足的资金保障。同时，要大力提升上市公司质量，增加市场吸引力；要优化上市公司分红机制，助力长期投资者获得长期稳定的收益；要发展衍生品市场，给机构投资者提供更多的风险对冲工具。长线资金入市不仅有利于价值投资，避免暴涨暴跌，增强市场稳定性，促进居民储蓄向投资转化，而且有利于提高直接融资比重，更好地支持实体经济特别是科技企业的大发展。

资本市场的大发展，必然推动基金行业的大发展。基金种类、规模将实现历史性的大跨越，中国基金业正迎来发展的黄金时代。再过 20 年，作为经济大国的中国一定会成为基金的大国，中国的“贝莱德”“先锋基金”一定会出现，一批投资大师甚至世界投资大师也将会脱颖而出。这是中国基金发展的时代！

这是中国资本市场的机会，是机构投资者的机会，也是普通投资者的机会。在建立中国普惠金融以及现代金融体系的新征程中，公募基金将发挥更大的作用，有着更加光明的未来。

未来 20 年，中国基金的故事将更加精彩！

目　录

CONTENTS

PART 2 把握结构性趋势性机会

姚振山 vs 宏道投资董事长 卫保川

PART 3 2021 经济新周期，关注高资产壁垒公司

姚振山 vs 星石投资首席执行官 杨玲

PART 4 挖掘结构性机会

张琳 vs 重阳投资总裁 王庆

PART 5 洞察极致分化下的机会与风险

张琳 vs 清和泉资本董事长 刘青山

PART 6 探寻投资的本质

姚振山 vs 天马资产董事长　康晓阳

PART 7 从国家战略视角寻找投资机遇

张琳 vs 明晟东诚创始人　徐刚

PART 8 研习投资赢家的唯二法则

张琳 vs 康庄资产董事长 常士杉

PART 9 "蓝筹稀缺"和"越白越贵"

姚振山 vs 明达资产董事长 刘明达

PART 10 共享价值投资的最好时代

张琳 vs 东方港湾董事长 但斌

PART

1 深度剖析 A 股投资的三大周期

姚振山 vs 鼎萨投资董事长、首席投资官 彭 旭

彭　旭

鼎萨投资董事长、首席投资官

北京鼎萨投资有限公司董事长兼首席投资官、明星基金经理、资深投资总监、中国公募基金行业发展初期的传奇人物，一手缔造了中邮创业基金的“崛起神话”。

彭旭是南京大学经济学硕士，曾任港澳证券投资银行部总经理、银华基金基金助理、华夏证券投资部总经理、中邮创业基金投资总监，有近 30 年投行、证券、公募和私募的从业经历，历经中国投资市场的多次变革和“牛熊转换”的磨砺，有着丰富的投资经验和成熟的投资哲学。

彭旭是深耕价值型的长期投资者、追求成长性的真实践行者。2012 年 3 月他创立北京鼎萨投资有限公司至今，历经投资市场风雨，管理权益类私募基金产品规模近 20 亿元。发行的第一只私募产品“山东信托 · 鼎萨 1 期”累计收益率为 469.82%，近 8 年的复合年化收益率为 22.38%，荣获 2019 年度“东方财富私募风云榜 · 五年期最佳私募基金产品”奖项。近年来，公司整体业绩亦表现突出，荣登 2019 年和 2020 年私募排排网评选的“私募百强榜”，荣获格上财富评选的 2019 年度“股票型阳光私募公司收益排行榜 – 北京地区”冠军和万得资讯评选的 2020 年度“三年期最强私募基金公司”等奖项。

❖ *A 股历史上，三大周期对应三次大牛市：2006 年之前的基建投资周期，2018 年之前的消费投资周期，正在发生的流动性投资周期。*

❖ *这一轮流动性周期容易犯一个错误，即无法界定股票的贵和便宜。在流动性泛滥的市场中，或者说在流动性跑步进场的市场中，很难判断一只股票的价值中枢到底在哪里。*

❖ *每一轮暴跌一定是新的价值观、投资格局、投资理念在改变市场，从而催生新的大牛市。*

❖ *六大投资要素：龙头公司，景气度向上的行业，创新领域，新资源品，企业出海，高成长、小市值。*

❖ *中国将来一定会争夺全球资本市场的定价权。中国一定会发展成为全球第二大，甚至将来成为第一大资本市场，这就会把全球的资本吸引到中国来。*

❖ *未来全球的增长点，新的增长点可能在新兴产业上面，电动车及其产业链首当其冲。*

A 股投资经历三大周期

姚振山：这两年很多人都在思考一个问题，指数本身并没有大的涨幅——上证指数涨到现在也就 3500 点左右，但是有的个股，比如英科医疗涨了 20 倍。这两年十倍涨幅的股票比比皆是。我们说它是牛市吧，好多人又在亏钱；说它是熊市吧，一些个股的涨幅比牛市里面很多股票的涨幅还要大。跟以前相比，A 股市场本身是不是发生了很大变化，具体是什么样的变化？

彭　旭：A 股市场，对于十倍涨幅的股票，每一轮行情大家都有看不懂的地方。2006 年之前的“煤飞色舞”的行情，有的股票涨了 10 倍、20 倍，有的股票没怎么涨。2015 年那波行情，很多小股票翻了 30 倍、40 倍，大家也有看不懂的点，比如当时茅台股价 1000 元，有很多人觉得很贵，可现在涨到 2000 多元了。当每一轮行情出现时，总有不断的质疑声或者不断的反复，这很正常。可能我们的经验还不足以支撑我们把握市场的本质，我们需要迅速调整思路，还要进一步了解市场。现在大家看不懂的一点是很多股票在不断地创新高，同时又有 70%～80% 的股票却走出熊市的态势。

根据我 20 多年的投资经验，我总结出了 A 股的三大投资周期。A 股历史上出现了三次大牛市，过去已经发生过两次了，现在是第三次。

第一波大周期，即第一次牛市，我将其定义为基建投资周期。这个周期就是从 2006 年指数涨到了 6000 点为止往前推一个 10 年的投资周期。这个投资周期跟中国当时的经济增长模式高度相关。改革开放以后，中国慢慢地开始出口创汇，慢慢地开始在国内拉动内需，从中央到地方都发现，基建投资是推动经济增长的一个非常快的手段。进行大量的基础建设投资之后，城市的变化跟几十年前相比完全是两个概念了。2006 年之前，基础建设投资加上低端的加工制造，奠定了中国经济从小步到快步增长的基础。

那个时期的资本市场就是围绕基础建设投资拉动整个产业链发展的一个牛市。但是那个时候的股票市场，一是专业的机构非常少，没有成熟的投资理念；二是股市上的资金非常有限。所以第一波大周期，从 2005 年开始，只花了一年多的时间，就把这个周期走完了。这个周期在前面积累了 6 年，也可能是更长的时间，但是资本市场只花了一年多的时间就走完了。其原因一是市场本身的调整需求，二是金融危机的影响。2008 年的金融危机让这波牛市戛然而止。

我们看看第一个投资周期里当时股票的涨幅。以云南铜业为例，在 2005 年底到 2007 年间，这只股票从 2 元多涨到 90 多元，涨了 40 多倍。这 40 多倍的涨幅只花了一年半的时间。我们当时把这一轮牛市叫做“煤飞色舞”。今天受很多人青睐的恒瑞医药、茅台等大牛股，如果放到 2006 年，当时拿着这些股票的人一定很郁闷，因为那不是这些股票的周期。

2008年之后A股进入了第二个投资周期，我称之为消费升级周期。第二个周期是以汽车股和地产股的上涨开始的，金融危机之后，涨幅最大的板块是地产板块和汽车板块。汽车和地产实际上是消费升级的一个非常重要的表象，代表公司就是万科及上海汽车等。在汽车和地产之后，慢慢切换到医疗、医药——如恒瑞医药、爱尔眼科等，随后又切换到了白酒——茅台，以及基础消费品——海天味业，之后消费板块一直在切换，但整个过程完全符合马斯洛需求理论①。

金融危机让中国意识到，单靠投资拉动经济的增长模式是有缺陷的，也有很大的风险，所以政府开始逐步控制整个投资增速的节奏。大量社会财富的积累促使消费开始升级换代，出现了汽车、地产、医疗服务、消费品持续10年以上的大牛市，但指数没有上涨。为什么？这是因为A股的历史还太短。A股最初主要由中石油、中石化、工行、建行等大市值公司构成，这种构成抑制了指数的表现。

2006年主要看基建指数，就是周期品指数；2008年之后主要看消费品指数，这次走的是超级大牛市。所以过去的两轮周期，如果你看不懂，说明你没有把内在的逻辑看清楚，其实它跟全球经济周期是同步的。我们也研究了马斯洛理论，从衣食住行到医疗服务、健康等，完全符合人类发展的诉求。

这里面代表性的股票就是恒瑞医药、茅台、三一重工、福耀

---

① 亚伯拉罕·哈罗德·马斯洛（Abraham H. Maslow）在1954年出版的《动机与人格》中提出，人的基本需要分为生存需要、安全需要、情感需要、自尊需要、自我实现需要五种，具有递进关系。

玻璃等。过去基建投资让这些公司积累了大量的利润和人才，现在这些公司都已出海了。煤炭股、钢铁股包括铜这一类传统股票，在 2008 年之后并没有出现有效上涨，但是福耀玻璃、三一重工都创了历史新高。为什么？我把它们定义为传统行业里面出海的公司。虽然它们在 A 股市场整个产业蛋糕中没有贡献增量，甚至是负增长，但是这些龙头公司已经从国内龙头演变成世界龙头了，它们在全世界其他地方的增量已经可以弥补其 A 股市场的萎缩。从上海汽车、万科到茅台、海天味业、恒瑞医药，再到今天的爱尔眼科、药明康德，其行情发展非常清晰。只要这个龙头公司上市了，它的股价一定会出现几十倍的涨幅。这是我谈到的第二个周期，这个周期到现在还在进行当中。

第三大周期从 2018 年开始。我个人认为其实 A 股市场经过剧烈的调整之后，已经悄悄进入了第三个大的投资周期。这个周期我认为也有 10 年以上的投资机会，很多股票会涨得让人不敢相信，跟当年云南铜业从 2 元多涨了 40 倍一样。不相信的原因是因为人们没有看懂，或者没有了解这一波行情的内在逻辑。

以我 20 多年的从业经历来看，我觉得这一轮周期跟过去 20 多年的两轮周期是完全不同的。我称之为流动性周期。为什么叫作流动性周期？它的特点有两点，一是全球贸易摩擦会加剧。全球的经济现在找不到新的、大的增长点。现在大家都不好赚钱了，就会出现老大抢老二、老二抢老三的状况，大家重新瓜分市场。贸易摩擦在未来 10 年，可能会有所加剧。过去 20 多年中国是全球经济增长的龙头，现在这个龙头开始进入弱平衡状态，其经济增长率将逐步调整到更适合自身发展的范围之内。二是全球巨大的流动性资金找不到出口。中国的情况更明显，过去房地产吸纳了大量的资本。为什么房地产市场占中国 GDP 总量那么大的比重？在很长一段时间长盛不衰？因为房地产行业市场容量足够大，能够容纳足够多的流动性资金。

但现在已时过境迁，中国目前的情况就是房地产市场的流动性受阻。银行过去积累了大量的房地产信托理财资金，居民财富增长，经济处于弱平衡状态等多因素叠加，国内资本市场特别是股票市场就成了最后的出口。这也是为什么目前美国疫情这么严重，国会都被冲击了，美国股票市场却继续创新高的原因。巨量的流动性资金要找出口，而美国股票市场恰好是全球最大的，可容纳巨量流动性的资本市场。

此外，外资纷纷购买国内基金。为什么？我曾给一家券商做过路演，题目叫作“沸腾的 2021”。我给他们讲的就是，现在机构进入资本市场的节奏越慢，意味着未来它的边际收益率越低。过去公募基金维持了两年的高回报，今年我相信它们还会有很好的正收益，但是越往后它的边际回报率会越来越低。这个市场会越来越成熟，成熟的结果跟美国一样，基金每年有 6%～8% 的回报率就很满意了。为什么？居民财富的保值增值目标已经达到了，这些超额收益是因为资金进场有先有后，进场早的资金已经获得了高额回报，进场晚的资金获得的边际回报在降低。现在跟过去 20 年不同，过去实体经济很赚钱，大量企业在经济增长的浪潮里都能淘到金，都有 9% 左右的净利润率，大量的资金不愿意进入资本市场。现在不一样了，市场蛋糕在缩小，全球贸易摩擦在加剧。如果你不能进入一个老大的产业供应链体系，80% 的中小企业将来会比较艰难。很多行业如果你不跟着老大混，你想自己独立玩，基本上是玩不动的，你的成本控制、研发优势、市场优势都没有。

跟国外一样，未来很大一块流动性将长期集中在资本市场。这一轮跟过去 20 年不同。我为什么关注流动性？因为进来的资本量无法估量，不知道到底有多少钱会进入资本市场，而且这些钱有相当一部分会长期留在资本市场。过去，可能大部分企业或者个人会拿 10% 的资金玩股票，90% 的资金扩大再投资或者买房子。未来会反过来，投资者会用 80% 的资金长期做理财。A 股的增量资金包括海外资金无法估算，因此我将这轮周期叫做流动性周期，它必然会带来整个投资理念的巨大变化。我相信这个流动性催生的结果很多人会看不懂，一定会疯狂到让很多人看不懂。

2015 年的时候，有一个短暂的流动性加杠杆的牛市，大家应该印象深刻。那个时候鼓励加杠杆，A 股通过加杠杆的形式增加了很大的流动性。那时流动性总的体量在整个社会的资金总量中占比很小，大家只能玩小股票，把小股票炒到几十倍，最后一地鸡毛。

但是我们可以从中看出流动性牛市的爆发力有多强，其疯狂程度让人难以理性估值。这一轮流动性周期容易犯一个错误，即无法界定股票的贵和便宜。在流动性泛滥的市场中，或者说在流动性跑步进场的市场中，很难判断一只股票的价值中枢到底在哪里。我定义的这第三个周期，叫流动性周期。这个周期的经济是弱平衡，股价的上涨不一定靠内在逻辑支撑，流动性才是决定性因素。

姚振山：有数据表明，70 万亿的居民财富可能会陆续进入资本

市场。你刚才讲到的三个周期，我总结一下，第一个周期是中国经济增长的基建周期，当时煤炭、有色出现了几十倍大牛股。第二个周期是消费升级的周期。茅台、恒瑞医药等成为大牛股。第三个周期是流动性周期。经过40年的改革开放。国中产阶级的比例在提高。而且中国人有勤俭节约的习惯，很多人以前把钱放到银行，但现在会跑步进场。但是如果没有企业基本面的支撑的话，这个周期能走得长远吗？

彭　旭：这个周期现在有一个可喜的变化。A股市场经过几次涨跌之后，个人投资者慢慢地认识到要让专业的人做专业的事情，所以现在公募基金销售得这么好。大家越来越倾向于把财富放心地交给资深的专业资产管理人或者大的基金公司进行管理。这个变化使机构投资者的管理规模越来越大，同时机构也面临更艰难的选择。从机构管理来讲，它们不会盲目地去投资，它们的投资行为背后依托着大量的研究成果，不管给它们多少亿，它们的投资一定是建立在研究的逻辑之上的。

投资六要素

姚振山：流动性周期选择股票的逻辑再结合公司的基本面，选股标准会发生哪些重要的变化？你现在有哪些标准可以给大家讲讲。

彭　旭：任何大周期都开始于股灾之后，实际上每次暴跌也是新一轮周期切换的序章。2018年大熊市期间指数暴跌，大量的公司消失了，又成了新一轮周期的切换点。每一轮暴跌一定是新的价值观、投资格局、投资理念在改变市场，从而催生新的大牛市。流动性周期里面我们选择什么股票？有六个投资要素要厘清，你的所有配置要始终紧扣这六大投资要素。

第一个要素：投资各个行业的龙头公司。

一个大周期不是一两年就能走完的，时间跨度会非常长，基本上都是 10 年一个周期，中间也会出现反复，也可能出现两三年公募基金亏损的情形，但是从长期来看，这个大周期的整体平均年化收益率还是非常可观的。要长期投资这个流动性周期，有一个共性就是，所有投资者首选的都是行业看好的、能够吸收流动性的公司，我们叫“龙头大象跳舞”。

龙头公司很重要的一个特点就是在流动性周期里能吸收流动性。如果你买 20 亿市值的小公司，而你管理的资金是 300 亿、600 亿，你怎么买？原本 20 亿市值的股价被买了一倍上去，如果这个公司业绩很差，卖不掉怎么办？这样做的风险非常大。这一轮周期是经济弱平衡下的周期，中国经济在寻找更好的平衡点，在平衡就业跟经济增长之间，各方面要取一个均值，均值位置在哪里？我们都在研究，相信政府也在研究。中国的经济体量已经这么大了，而经济弱平衡周期，意味着中国经济在经历了 20 多年的高速增长之后，需要一个调整，以迎接下一次腾飞。

第二个要素：寻找景气度向上的行业。

既然宏观经济处在弱平衡周期，我们要寻找能穿越这一轮宏观经济调整，甚至衰退周期，继续保持景气度向上的行业。第一个选出来的就是军工，军工的增长非常确定。因为装备升级，其平均增速会远远超过很多行业。其他景气度很稳定的行业还包括医疗服务、基础消费品等。这些行业的景气度非常稳定，这样的公司、这样的行业，大家肯定是愿意去配置的，因为它不存在经济下行的不确定性。从利润来看，它们的增速或许并不高，比如茅台过去几年的利润增速一直在30%左右，去年茅台的利润增速才百分之十几。很多行业本身增长不快，但估值给得很高，都是由流动性催生的，大家愿意给予这种未来景气度向上的公司高估值溢价。

第三个要素：关注创新领域。

在全球经济整体下行周期，我们一定要在创新领域找到未来在全球能实现增长的、能代表未来的东西。首先映入我们脑海的就是新能源和半导体。新能源不仅仅指电动车，还包括光伏、风电。要在创新领域中找到能推动中国未来经济增长，甚至能影响全球经济格局、行业格局的东西。这些领域是这一轮流动性周期会充分演绎的领域。有一位做投资很多年的朋友跟我说："我只买消费股，科技股不行。"有的人认为中国科技股是骗子公司。这是他们的投资盲点。我不擅长投资消费，但我擅长投资创新，我喜欢创新的东西。有的基金经理经历十几年的积累赶上了这次消费升级周期，回报率很高，这个时代是他们的。但是，如果他们一直抱着这一条线不变，也许在下一个时代会被抛弃，因为任何行业增长都有周期见顶的时候。

第四个要素：投资新资源品。

我刚才举了云南铜业的例子，云南铜业属于基础建设上游的资源品企业。既然我们看好未来全球新经济的转型、新经济的创新，我们一定要配置那些跟新经济产业链配套的稀缺资源。我们既然看好新能源，除了新能源汽车，无非就是从新能源的产业链里去找它的上游资源，不可缺少的资源，如锂、钴、稀土等。既然我们要创新，一定要找新资源，所以我认为这种新资源伴随着这些新经济、新产业的增长，一定会走出一个 10 年的大牛市。这一类新产业以及新能源产业链在未来 10 年大周期里的上涨趋势不会改变，至于说能涨多少，现在也很难按照市盈率去评估。在流动性周期里用市盈率选股是最容易犯的错误，会丢掉很多机会。苹果公司的市值高达十几万亿元人民币，中国未来也会出现一批上万亿甚至十几万亿的支柱企业。中国将来一定会争夺全球资本市场的定价权，一定会发展成为全球第二大甚至第一大资本市场，这就会把全球的资本吸引到中国来。如果没有一批足够大的龙头公司、大市值公司，这个市场是没有吸引力的。至于贵贱，我认为每个时代不一样，很难用过去的眼光、过去的视角来看现在的市场及未来的结构变化。

第五个要素：坚定持有出海类世界级龙头公司。

传统行业龙头正在成为世界龙头，三一重工未来会不会把卡特彼勒比下去？福耀玻璃、中国巨石这些中国传统周期性制造业公司都很优秀，会成为全球领军公司。从市值的角度来看，如果未来真能领跑全球市场，它们涨到几千亿、上万亿都有可能。中国经济体量这么大，总有一些企业会成为全球的领头羊，如果我们找到了就坚定地持有。

第六个要素：寻找成长性中小市值公司。

现在大家都不看中小市值公司了，关注点都在龙头公司。但我认为这一轮流动性周期不是一个大股票无限上涨的牛市。在任何流动性催生的牛市，这个泡沫会很大。能不能阻止泡沫形成？可以阻止一时，但是无法阻止周期调头，这不是以任何意志为转移的。所以过度推高龙头公司的溢价水平不是好事，将会给 A 股市场带来剧烈波动，影响 A 股市场的稳定性。因此，寻找细分行业中未来能够成长壮大的隐形小冠军就显得尤为重要。我们现在不能整天只盯着茅台这批几千亿、上万亿市值的公司了，这些公司确实代表了中国的未来，但是我们更应该沉下心来，在各个细分领域里寻找有成长性的公司。它们能在复杂多变的经济形势下，慢慢克服困难，形成自己的竞争优势，或者在某个产业里，像立讯精密依托苹果一样成长为市值几千亿的公司。将来会有一批中小市值公司，依托一两个领军企业，发展壮大到上百亿、上千亿。宁德时代将来如果达到一两万亿市值，一定会催生几个两三千亿市值的公司。

不能把所有小公司都抛弃掉，大公司股票未来一两年可能出现负收益，但是优秀的小盘成长股在这一两年有实现巨大超额收益的可能性。除了龙头，那些具备潜力的中小市值公司，我们也会长期持有，我们相信这些公司将来的回报也会非常高。

流动性越往上聚集，新增的流动性必然要找安全边际，要找更具备安全收益的品种，所以只能往下找。钱进来得越多，不可能无限推高茅台，一定会往下找，找二线成长股。这批股票市值小，只有六七十亿，可能一年的时间也能涨到五百亿。它的增长是确定的，只是短期被市场忽略了。我并不认为小公司没有机会，龙头涨得越高，小公司的机会也会越来越凸显。如果小公司市值从六七十亿涨到五百亿，可能一年半的回报就能赶上这两年大股票的回报。所以一定要找到真正具有成长性的，在行业里真正具备竞争优势的公司。我相信回报率一定会非常惊人。

这一轮行情中我最看好的是在六个投资要素里面，如果能叠加三个以上投资要素，比如又是龙头，又是新经济，然后又是景气度不断地向上的行业，那一定出超级大牛股；这一波行情贯穿始终的，叠加两个要素的是二线大牛股；选对行业，叠加一个要素的能够跑赢市场。所以我们一定要找这种叠加几个投资要素的股票，叠加要素越多的越一定要拿住，不要考虑波段操作。

流动性周期见顶的标志

姚振山：流动性周期结束的标志是什么？你思考过没有？

彭　旭：我确实在思考。我们作为资产管理人，既要给客户赚取高回报，也要注意未来大周期的顶什么时候出现，因为一旦出现将可能以巨额亏损的方式来完成周期切换。当然，我刚才讲了，现在讲这个周期顶为时尚早。2018 年那一轮周期持续了 10 年都没有问题，A 股可能会在某个局部快速疯狂一下，某个年度可能会在一个大周期里面形成一个中期顶部，也可能会有一两年的阵痛期。这个周期会不断地重复，我们可在所看好的公司的利润不断增长的情况下，最后完成一次流动性估值的大切换。现在市盈率一下子到了 150 倍甚至 200 倍，再继续往上推高实际上是透支了未来，也会增加一定的风险。如果沉淀两三年，重新回到 60 倍，经过它的增长覆盖，未来可能再来一次——60 倍到 150 倍，这就非常健康。A 股从来不会这么健康地完成周期转换，一定是狠狠地疯狂几下，然后让你狠狠地阵痛几下，然后再疯狂，就是这样，没有办法。A 股的波动性以及投资者的短期逐利行为使得 A 股市场确实没有西方资本市场那么成熟。A 股没有欧美那样的长期市场客户群体。基金一旦净值涨多了，基民就从银行渠道赶紧赎了，或者偏爱买刚成立的基金，没有什么成熟的投资理念。

姚振山：这两年有的股票可以涨 10 倍、20 倍，但是指数本身没有太大的变化。假如有一天 A 股股票普涨，指数也从 3500 点快速推进到七八千点，大小股票齐涨，这个时候流动性是不是有可能会随时见顶，或者说这是一个周期见顶的标志？

彭　旭：我刚才反复强调这一轮周期的长期流动性体量巨大、稳定性更强，现在幻想像过去一样万箭齐发，形成一个指数牛市的概率几乎为零。我们要习惯 70% 的股票长期不断地创新低，如果我们还认为将来可能有一丝机会所有股票都涨起来了，迎来过去的牛市回归，那说明我们还没有了解这个市场的资金格局变化，没有了解管理人的变化。以前那个时代已经一去不复返了，经过 2018 年之前的几次洗礼之后，那个时代已经结束了。

什么时候才能见顶呢？重要的标志有两种，一种是政府认为泡沫已经到了忍无可忍的地步，必须对市场进行干预。这种干预是正常的，不能让这个市场疯狂到完全失去理性。这种干预会带来阶段性的大波动，但是不会改变大趋势。另一种是，当我们看好的像宁德时代这种公司的盈利真的出现了持续高增长见顶，再比如钢铁股的盈利超过了 2008 年 6000 点牛市的盈利水平，但是钢铁股并没有涨，因为这部分盈利源自环保带来的产业集中红利。大家看好的一些行业，比如军工、新能源，如果这些公司的盈利增长已经见顶了，未来会慢慢走下坡路，那个时候市盈率反而低了。那个时候觉得这个公司 50 倍的市盈率很便宜，原来都是 200 倍，这是真正的低估值陷阱，因为增速下来了。

我一直在研究白酒，到底白酒未来的头部在哪里？我们要小心警惕。消费升级一定是建立在经济长期稳定增长，社会财富、居民收入提高的前提下的。在经济弱周期比较长的情况下，大家的收入增长减慢，消费价格不断地上涨，带来的挤出效应会越来越明显。要认真思考每个行业的头部在哪里，未来风险在哪里。这一轮行情看起来是流动性催生的牛市，行业逻辑非常清晰。我个人判断这波牛市行情的终点，就是公募基金等主流资金配置的这些核心产业的行业性顶部出现了。之后即使流动性再充裕，这个牛市基本上接近尾声了。

我的选股原则

姚振山：你刚才讲了选股的六个原则，每个原则对应的细分行业，你给大家举两个例子。能够吸收流动性，能够大象跳舞的行业，你未来最看好什么？

彭　旭：最看好的还是跟新经济叠加在一起的龙头。细分领域我看好以下几个方向。

第一是传统的龙头公司，像三一重工、中国巨石还是可以看好，这些公司还是非常优秀的。我说的三家股票（福耀玻璃、三一重工、中国巨石），我们一直没有买，我们完美地错过了。我们认为它们涨得有道理，但是我们错过了。

第二是军工，像高德红外。军工一定要买未来战争装备必需的东西，当时考虑是战斗机、无人机、导弹这三个领域，加上一些军工电子，很简单。像高德红外、航发动力这种股票，未来市值还有很大的空间。有的人不喜欢军工，觉得军工不透明。我觉得说它不透明就是一种托词。你自己没有看懂，不代表它不清楚，我觉得军工其实是很清晰的一个板块。

第三个是创新领域，始终扣住新能源的三大领域——电动车、光伏、风电。

第四个是匹配创新行业的稀缺资源，比如刚才反复提到的锂、钴、稀土等。这三个品种可长期持有，什么时候满大街都是新能源汽车了再卖掉，现在还早着呢，还没有到这些公司放利润的时候。

第五个是有全球化能力的企业，就是出海的企业。过去中国主要做一些代工，做一些基础的加工工作，但是它做的不是零部件，而是一个完整的产品。做到全球化得有一个前提条件，就是你的产品得超过国外的产品。只要中国产品研发、产品质量、产品技术含量跟国外的一样，甚至超越国外的，中国的企业就势不可挡。三一重工的各类产品跟卡特彼勒比质量绝对是一流的，当它比卡特彼勒的性价比还要高时，就没卡特彼勒什么事了。

其他细分行业我真没有关注那么多，我们现在关注最多的是LED 的产业链，它在经历了市场波动之后，未来是有整体性机会的。我们关注的是显示业务，未来 5G 时代，显示是内容终端最好的出口。我个人未来很看好 LED 显示领域，我们在这个产业链配置的股票很多。偏光片公司我们也配了一些。化工里也有一些做得不错，做高分子材料的我们也配了不少，像金发科技等。

姚振山：在你举出来的行业里面，如果有三个要素的叠加，就会在这一轮波澜壮阔的大牛市里出现超级大牛股。如果让你来叠加的话，你觉得哪几个要素叠加起来会更有机会？

彭　旭：我觉得在这一轮里能叠加两个要素，就算是表现非常好的了。像白酒和医疗服务业，其实就是叠加了行业的景气度，再加上龙头吸收流动性，还在一个消费升级的长周期、大领域，延续了上一轮的表现。叠加了这三个因素，这种股票肯定是没有问题的。创新领域又结合稀缺资源，我个人认为，像和锂相关的这些龙头，将来的涨幅应该会超过电动车本身。因为电动车是一个完全竞争领域，像特斯拉和比亚迪，虽然这些公司很优秀，它未来是要打仗的，但是打得再好，也不如资源类公司。比如像特锐德的核心零部件供应商，它们是做配套产品的，但是他们面临着龙头公司挤压利润的风险。如果龙头公司降价了，可能会挤压你的利润，所以最具优势的就是资源——没有它造不出东西来。

中游公司相对有一个甜蜜期，一定会有逐步壮大起来的公司。壮大的概念就是：当我大到一定程度的时候，你想甩我也甩不掉，这个活儿只能由我来帮你做。你的体量太大了，一年卖这么多车，基础的总量别人供给不了，只能我一家做。这些公司就非常好，市值也能到两三千亿，十倍涨幅也有可能。

我更坚定地看好上游，在中游里找产业链格局包括管理做得很好的公司，以及未来有持续、稳定的供货能力的公司。买新能源汽车，很简单，比如特斯拉、比亚迪，不需要多，买先发优势最明显的公司就可以了，多了也买不了。

姚振山：刚才是选股逻辑，还是需要判断一下投资结构的逻辑。2021 年要降低投资收益率预期，第一季度很好，第二、三季度有可能市场波动比较大，或者不是特别好。你对 2021 年整个市场的趋势有怎样的预测？

彭　旭：今年波动肯定会大一些，如果今年操作不好的话，有负收益的可能性，这是我的一个判断。连续高收益回报，必然会带来市场风险，公募基金连续两年取得这么高的平均收益率，比较罕见。我个人认为今年肯定会有一些比较大的波动发生。拜登上台之后，中美到底怎么样博弈，疫情怎么样发展，以及台海、南海是否安定等不确定性因素还正在发酵。获利盘也有兑现的需求。我们的策略很简单，第一季度把你能看到的机会、最好的收益尽可能地收割，规避后面可能存在的调整风险。但是大周期我认为不会变。中小市值的股票在调整周期里面会不会有表现，是我最关注的问题。

曲苑杂谈：养老、金融、半导体等

姚振山：中国这样的国情，养老行业会怎样发展？养老行业会

藏在你的六个选股标准里面吗?

彭　旭: 养老行业是未来市场容量很大的行业，但是从股票投资而言，养老行业不是一个很适合做投资的行业，因为养老行业更多是为人类公益事业服务的行业。虽然未来中国人口老龄化周期很长，但是这种服务业本身不应该以赚取丰厚利润为目的，它更多的是公益性的，是为人民服务的。中国老年人不愿意花钱，舍不得花钱，我们这一代人老了以后，不一定愿意住养老院。养老院还处于一个稳定的市场阶段，因为它的消费群体很保守，所以国家更多扶持的是非营利性的养老院。过去很多人倡议到海南养老，这都是伪命题。养老一定是在社区养老，老人都有落叶归根的想法，不愿意七八十岁了还跑到外地养老，万一有什么意外，子女都见不到最后一面。在资本市场上投资与其选择养老行业，不如选择年轻人喜欢花钱的领域，比如医美，年轻人的消费行为决定未来经济的发展方向。养老行业是为中国老年人服务的，这个产业很好，将来炒股票赚了钱，投资养老院，做一点社会公益，这是非常好的事情。

姚振山：最近大基金又在减持半导体，但是半导体的热度又比较高，怎样看这个行业?

彭　旭: 这个行业我们还是很看好的。至于说大基金减持，也是上周才出来消息。我们原来投资过很多半导体公司，2019 年获得的回报还是很高的，现在我们也在关注像闻泰科技这一类全产业链公司。A 股里面，我们对半导体公司中的龙头公司还是看好的，但是因为技术上毕竟还存在“卡脖子”等因素，这个还需要再观察。

姚振山：有人这么评价，现在的新能源产业链有利润、有估值，半导体有估值，但是规模化利润增速各方面还有待观察。

彭　旭：投资要考虑确定性因素。第一是买龙头，第二是投资确定性。半导体的确定性有点模糊，所以它的股价波动幅度就会比较大，不像锂这些资源品，大家对它们的未来看得很清楚，买的人会很坚决，半导体还是有区别的。

未来全球新的增长点可能在新兴产业上面，电动车及其产业链首当其冲。我们会看到，这些产业的发展对上游资源的需求量越来越大。现在中国马路上跑的新能源汽车的比例毕竟非常低，未来中国 70% 的车都得是新能源车，会形成一个庞大的替代周期，所以对新能源产业资源的需求量肯定非常巨大，而且是全球性需求。我们要买什么？要买不可替代的原材料，一定会用到的原材料，因为资源都是稀缺的。锂、钴、稀土仍然是未来整个新能源产业里的稀缺资源。大家现在炒得最多的是电池，这些未来一定会放量。新能源汽车销量在全球达到一定数额的时候，这些公司的利润一定会放出来的。现在涨的是一个预期，等真正利润最大化的时候，就见顶了——市盈率在三四十倍的时候就见顶了。我刚才谈的第四点就是资源，这个资源不是指铜、铝，这些在新经济里表现并不突出，我认为可能更多的是锂、钴、稀土。

姚振山：要是按照你的选股六原则，银行股和金融股好像不在你关注的领域之内。

彭　旭：确实我们金融资产配置得比较少。3 年前，我们研究部曾经建议我买券商，我当场否决了。券商这个行业的赛道不好，从我进这一行起，这么多券商都上市了，这个行业的竞争格局没有什么变化。我说唯一要买的券商股就是东方财富，因为它的格局不一样，它是一个真正的互联网券商，其他券商股都不要买。为什么？我从业这么多年，再小的券商都没有倒闭的，都活得很好，这个行业的格局、赛道没有任何变化。连钢铁行业都已经整合过了。化工为什么大牛，就是因为现在国家对化工管得很严，能够扩产的能力有限，连园区建设规划都没有，怎么扩产呢？所以它的利润能够集中。券商都是同质化服务，所以不要停留在2006 年大牛市时券商的表现上。那个时候券商佣金高、自营比例很大，β 值非常高，业绩弹性非常大。现在券商是服务业，属于完全竞争领域的行业，我对这个行业不是很看好。我的观点很明确，但是不一定正确。东方财富是互联网平台，卖基金赚的钱比券商服务赚得都多。保险、银行也要看，我们金融股配得少，牛市来了，保险投资将来可以把收益做到最大化。银行要配一些，经济强的时候一定要买银行股，银行最赚钱。经济弱平衡时期，银行风险在加大，只能买成长性的银行，它的业务跟传统银行格局不一样；或者买从成长领域走出来的银行，包括招行、平安、兴业等。金融我们没有做重点配置，会买一点低估值的，可能会做一些防御，银行股也要具体分析。

主持人手记

从券商投行人士到券商自营投资总监，从公募基金收益率冠军再到自主创业做私募基金董事长、首席投资官，有 20 多年投资经历的彭旭，在A股机构投资者眼里是“死多头”的代表，这在牛市行情里面很容易为投资者带来超额回报。这次访谈中，大家可以看到一个对A股市场充满激情的投资者的形象，对A股市场未来走出长期牛市充满憧憬和兴奋的投资者的形象。经历过两轮大的牛熊更迭，可以感受到彭旭对市场的理解视野更宽，总结更深刻，对行业和公司的研究的把握也更全面，而对于持仓结构的把握也更加趋于平衡。

PART 2

把握结构性趋势性机会

姚振山 vs 宏道投资董事长 卫保川

卫保川

宏道投资董事长

先后就读于中国人民大学经济系、中国社会科学院研究生院世界经济与政治系，并获得经济学硕士学位。曾先后在上海外国语学院、莫斯科普列汉诺夫经济学院交流进修。

卫保川有着丰富的研究和投资经验：

1991 年 7 月—1993 年 7 月，中国新技术创业投资公司任投资经理；

1993 年 7 月—1996 年 7 月，中国纺织物产集团任投资部副总经理。

1996 年 8 月—2015 年 2 月，中国证券报社首席经济学家兼证券市场研究中心主任、中国基金业金牛奖评委会秘书长。

2015 年 2 月，创立北京宏道投资管理有限公司（下称“宏道投资”），董事长兼投研总监。

卫保川还受聘兼任永诚保险独立董事、齐鲁银行独立董事等职务。

卫保川在长期的研究和投资实践中，逐步形成一套特有的研究体系和投资理念，在近 30 年证券市场的投资实践中，创造了传奇般的投资业绩。创立宏道投资后，他亲任观道精选系列私募证券投资基金的基金经理，所管理的产品在市场多次巨大震荡调整中均较好地控制了回撤，并保持长期稳定、可观的绝对回报率。

❖ *中国制造业的成本优势正在打破过去欧美一些传统优势企业的行业壁垒，正在全球开拓它的市场。*

❖ *低利率环境下，谁是最牛的？一定是未来成长性确定的行业，所以它的估值是高的。*

❖ *在投资的思考上，要重视未来的智能化时代哪些公司会跑出来。*

❖ *过去我们总是在盯周期，一会放水一会收，一会牛一会熊，现在我觉得应该放弃这种想法，紧紧盯住行业发展的大趋势。*

❖ *越是在流动性紧张的情况下，越要找增长确定性的股票，热点越不会扩散。*

❖ *低利率导致优秀的、有稳定预期的资产升值，这是大家偏爱很强劲的传统公司的原因。*

❖ *新能源汽车相对传统燃油汽车而言，就好比随着苹果手机的出现，摩托罗拉、诺基亚卖得再便宜，也是大势已去一样。*

“牛头熊”

姚振山：20 多年来，你做过媒体人，是《中国证券报》首席经济学家，现在管基金，规模很大，收益也非常好，回撤也很低，今天我们聊一些实质性的话题。与 20 多年前相比，股市已发生了非常大的变化，很多人理解不了。我这两天在琢磨一件事情，为什么现在的股市，4000 多只股票只有 1000 只股票在涨，大部分股票在跌？今天在网上看到一张图（图 2-1），这张图很贴切，头是牛头，脖子以下是熊身，谓之为股市新物种——“牛头熊”，不知道你看到这张图有什么感触？

图 2-1　股市新物种——“牛头熊”

卫保川：你刚才展示的这张图非常有意思，我记得前两天网上还有一个有意思的说法，叫“涨出来的熊市”。为什么股市跟20年前不一样呢？事实上，近两三年以来，这个市场实际上是一个结构性的牛市，同时也是一个结构性的大熊市。准确地说，只是极少部分公司的牛市，却是大部分公司的熊市，这是一个比较典型的表象市场。

我们必须从最基本的宏观情况来理解。这种情况是不是一个大的趋势？有没有一个比较扎实的宏观背景基础？如果没有，都是人为的，那可能真的要出现股灾了。如果不是人为的，而是中国的经济发展和宏观经济背景支撑起来的行情，那么，这种趋势还能不能延续？这反而是一个挺严肃的话题。

20世纪90年代其实是一个庄股时代。为什么是庄股时代？刚开始是“老八股”，后来才几十只股票，市场跟宏观经济的关联度不大，股票的流通市值很小。几家老券商，几家老私营机构一运作，民间资金一进来，就造就了一个庄股时代，股票供应量太少，供给太稀缺。

到了21世纪初，我们的股票不少了，中国经济开始蓬勃向上，无论是长周期（像房地产周期），还是中周期（像产能投资周期），都在不可抑制地向上走。所以我们也能看到，当时的情况是：一放就活，一活就乱，一乱就收。所以那个时候经济的内在趋势是非常强地向上走，但是一向上走，就会出现通胀，然后就开始收，一收就用各种行政办法加上市场的办法来抑制。实际上那个时候就是典型的周期，一个大牛市，很快的牛市，然后使劲一收，变成熊市；一放又开始一个牛市，一收又是一个熊市。

所以第二阶段是典型的宏观政策周期股市，2005—2007年的牛市，以及2008年的牛市，其实都是如此。

2012年之后，一直到2015年，乃至2015年之后，中国的宏观经济发生了变化。宏观数据显示，之前中国经济在名义上曾经历了百分之十以上甚至百分之十五左右的GDP增速。但2016年、2017年我们的GDP增速没有多少波动了，一直很平稳。我们前两年讲宏观经济时经常说，中国经济要走一个比较长的L型，但是中国的经济也很有韧性。我觉得中国宏观经济在2012年之后，出现了一个明显的趋势，就是增长速度不断下滑，但是中国的宏观杠杆率一直比较高，所以说我们现在面临的宏观环境正在发生改变，这几年的经济看起来在缓慢地往下走，但很有韧性，没有大幅度的波动。所以股市上表现出来什么？请看图2-2，这张走势图描述的是名义GDP，前期宏观经济巨幅波动，而是2012年后的走势没有波动。传统经济的增长遇到了问题，这是中国股市现在面临的问题。

2016年—2018年，我们的宏观政策是去产能、去库存、去杠杆。我们的产能已经够了，库存周期很小了，所以在这种情况下，宏观经济没有原来波动大，这是很重要的大背景。当前增速处在不断下降的过程中，只会有很小的波动，那么我们股市面临的环境到底是什么？是缺乏周期，缺乏大的经济周期，在这种增速不断下滑的过程中，同一行业内就出现了分化。中国经济再也不是外延式的扩张了，而是内涵式的增长，这两年我们看到同一行业的公司在分化。与此同时，新兴经济中的成长性行业出现了高速增长，所以我们看到现在的股市是少部分公司的牛市。

大背景：明确的趋势，消失的周期，分化的企业，新兴的机会

（GDP不变价同比）

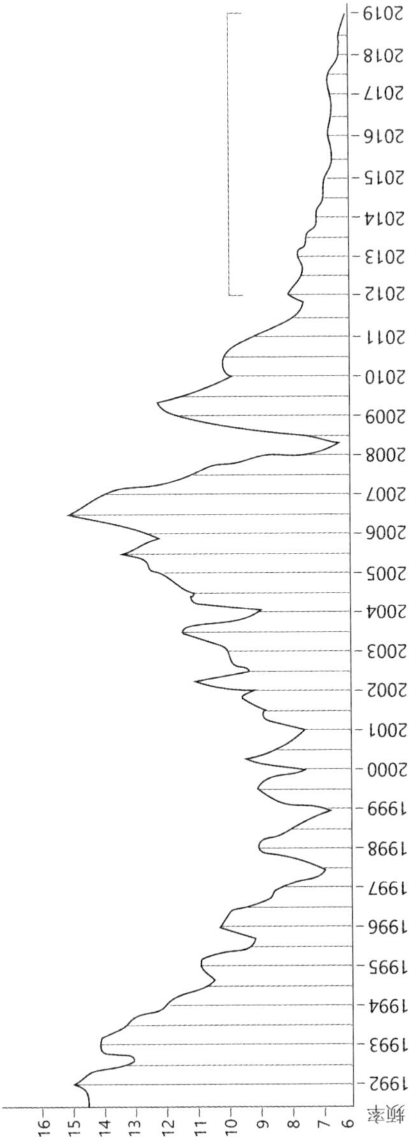

图 2-2

所谓“涨出来的股灾”，在宏观层面的逻辑也很清晰。十几年前牛市来了，好的企业先涨，差的企业补涨，逻辑很清楚。现在不是，现在的行业格局很清楚了，总需求变动不大，小的企业、差一点的企业不可能再有上升的机会了。现在的情况不是大家理解的暂时现象，也不是畸形的现象。我认为今天市场的情况，是中国经济发展到这个阶段的一个必然的选择，大家对这个情况不要觉得有什么不对。

姚振山：会不会是产能过剩带来的？

卫保川：有些行业确实如此，有些行业不是。举个例子，比如说10年前，我认为工程机械当中比较牛的是三一重工，那个时候我把三一重工看成是一个周期性的股票，但是今天我们可以看到，三一重工这种公司已经脱离了周期。为什么？过去我们知道工程机械比较牛的有卡特彼勒、斗山、小松，这些都是国际性的强势企业，国内的中联、徐工、柳工、厦工等也都不错。那个时候三一重工涨，后边这些企业也跟着涨。发展了这么多年之后，工程机械行业格局发生了比较大的变化，今天国际上的一些大公司，像卡特彼勒、小松、斗山等，其实已经竞争不过三一重工了。中国目前的经济周期不缺产能，在需求格局也不会出现急剧大爆发的情况下，行业必然会出现分层。我在这里无意贬低其他企业，但是像三一重工这种企业，上边掀开了盖子，又拉开了行业里边其他企业跟它的差距，那么其他企业的机会就不多了，因为周期没有了。

姚振山：而且它有国际市场了。

卫保川：关键是国际市场，因为它把上边的盖子打开了，指的就是国际市场。我不需要进口了，我要替代你了。目前卡特彼勒在中国还有百分之十几的份额，三一重工这么强，也就百分之几的份额，这个时候再把它看成周期企业是不对的。

龙头的成长之路——从行业分化到企业分层

姚振山：确实有一批中国的龙头企业逐步变成了全球的龙头，相当于通过扩大市场边界，把它的周期性降低了。

卫保川：对，一定会降低。我们如果再把这个问题说远一点，像卡特彼勒历史上达到的市值，三一重工能不能突破？我认为一定会突破，因为卡特彼勒、斗山之前面对的市场在今天看来相对比较小，三一重工如今既可以打开欧美市场，又有庞大的中国市场，其他没有能力发展这个产业链的小国家，也是它的市场。

不能说它涨过了，它的市场环境、底层逻辑都变了。十几年前，三一重工还没有这么强大的时候，把它看成一个周期股，根据 PB[①] 来估值，涨高了就可以卖掉，但是今天不是这样，它不再是一个周期股了。中国是一个制造业大国，类似的企业很多，很多行业都在发生这种变化。我只想说出它的特征，就是中国制造

① PB即平均市净率，是股票投资基本分析最常见的参考指标之一，与市盈率、市销率、现金流量折现等指标一样。

业的成本优势正在打破过去欧美一些传统优势企业的行业壁垒，正在全球开拓它的市场。

姚振山：除了机械行业，你觉得还有哪些行业也存在这种机会？

卫保川：我们其实有一批类似的企业。现在这个阶段不同了，比如说传统行业中，国际上存在一批特别有优势的公司，5 年前、10 年前，它们很容易就能赚到利润。现在中国很多企业正在打破这种格局，比如轮胎行业，过去像普利司通国内有七八家，中国过去的企业基本上都是代工。今天不是了，原来高高在上的行业龙头，正在失去它的优势，本土品牌正在崛起，这个行业我研究了四五年。

姚振山：多举几个行业，因为你举的行业，可能是我们投资者下一步要重点研究和跟踪的行业。

卫保川：对于制造业的一些跨国公司一定要重视，比如轮胎行业。再举一个更大的就是电气行业，我们看到国际上有 ABB、西门子、施耐德等。这些行业很有空间，中国的企业对这些产品的替代马上就要开始了，尤其是在工业领域。我们可以看到，外国产品的服务能力有限，无法做到随时提供服务。如果你报修，赶上维修人员在休假，他是不会帮你解决问题的，但是中国的企业就能做到随叫随到。

姚振山：中国是制造业大国，不仅有格力，还有很多大企业。

发展了这么多年，中国在产业链上的优势愈发明显，今天完全可以实现替代。大家都说现在市场上只剩下几个公司在涨，因为今天全球都是它们的市场，它们对外可以进行扩张，对内一定会进行替代。在发展 20 多年之后，中国这个制造业大国正在发生这种质变。过去 20 年高速增长培养出来的公司，它们已经开始放眼全球，也早在国内铸就了强大的统治力。在这种情况下，我们老老实实地讲，现在是真正的价值投资年代。之前一放水就来一个牛市，大家一起涨的情形将一去不复返了，因为在宏观层面已经没有基础了，因为经济增速下来了。

卫保川：我认为企业分层在经济增速下降的过程当中出现了，而在经济高速扩张当中很多小公司拥有成为大公司的机会，但增速一下来小公司反而难以超越大公司。这些大公司已经发展 20 多年了，在供应链能力、国际市场的开拓能力等方方面面显示出了优势。大家都在说行业当中的公司在分化，不仅仅是新兴行业跟传统行业在分化，传统行业当中的公司分化得更加剧烈。这是由宏观趋势决定的，也是过去这么多年发展的一个必然的结果。如果再讲到我们的证券市场，我们的 IPO[①] 速度这么快，供给更多了，就好比市场的分母变大了，但是能做分子的公司仍然很少，比例很小。只有少部分有宏观支撑。这个趋势还会持续下去。

---

① 即首次公开募股 (Initial Public Offering)，是指一家企业第一次将它的股份向公众出售。

慢速的经济与成长的企业

姚振山：宏观经济走到今天这一步，我们预测经济增速可能会降到 5% 左右，一段时间会维持在 6% 以下，可能会持续一段时间。新兴产业和传统产业都在分化，分化本身有两种情况。一种是指这两年以军工、光伏、锂电池为代表的新能源，以及风电、医疗服务、高端白酒等产业的股票涨 5 倍、10 倍的比比皆是，好像还没有结束的势头。另一种就是你刚才谈到的，传统行业里公司之间的分化比较明显。在新兴产业和传统行业分化的过程当中，2021 年，或者拉长一个周期，到 2022 年，哪些行业走得比较快，甚至有超额收益？这是你现在研究的主题吗？

卫保川：这是一个好问题，在回答这个问题之前，我再对第一个话题做一点补充，有利于这个问题的展开。刚才讲了中国的经济增速在慢慢回落，不会再回到 8% 以上的增速，因为基数大了。所以从营收的角度来讲，未来经济是缓慢下降的。与此同时，我们是一个杠杆很高的经济体。杠杆高了怎么办？过去我们国家在宏观层面提出了一个“三去”政策，其中很重要的一个就是“去杠杆”。所以，在这种情况下，我们怎么理解这种分化？简单算一笔账：2020 年的社会融资总额接近 300 万亿，社会融资总额是一个负债的概念，假设平均利率是 5%，那么 300 万亿的负债要付出 15 万亿的财务费用。那么我们的经济增长了多少，营收又增长了多少呢？ 2019 年名义 GDP 是 99 万亿，我们假设营收增长率为 6%，营收增长额大约 6 万亿，而每年付出的财务费用却高达 15 万亿，这种情况下去杠杆怎么去？如果明年不搞流动性，谁也不许借钱，经济必然崩溃，所以不能硬去杠杆。

2018 年很多民营企业借不到钱，后来中央意识到了这个问题，提出了稳杠杆。但是我觉得从 2019 年或者 2020 年以来，我们应该明确了一个问题，不能简单地去杠杆。打个比方，今年你的企业借了一百万，明年要去杠杆，这一百万要还给银行，你的资金链就有问题了，你的企业就可能完了。未来唯一的出路是降低实际利率水平，现在是 15 万亿利息对应 300 万亿的负债，今后我能不能把 15 万亿降到 10 万亿，甚至降到 5 万亿。所以在经济增速长期向下，又存在一个很高的财务杠杆的情况下，唯一的选择是降低利率，要打破很多高息融资的工具，比如信托、影子银行。未来我们面临的是相对较低的增长速度，但是与之对应的低利率环境也将长期存在，我们的利息一定会继续下降。在这种情况下，学过金融的都知道，在一个低基准利率的前提下很多确定性的优质资产一定会升值的。所以，对于好公司来说，一定是因为它的确定性才让溢价提升的。过去 20 年，并不是茅台不好，原本 15 倍、25 倍的估值，今天可以到 45 倍、55 倍，基于我们宏观经济的这种变化，其估值一定是上涨的。

如果 10 年前，存信托都给 10% 的利息，大家绝对不会买 45 倍市盈率的茅台，所以低利率将导致很多优秀的、有稳定预期的资产升值，这是大家偏爱很强劲的传统公司的原因。这里面既有企业自身的原因，这是基础，也有宏观变化之后，大家对于确定性的追求。这里有一个问题，这个趋势结束了吗？没有！市场表现出来的这种趋势不会结束。第二个问题，中国经济增速为什么会逐渐下降呢？因为传统行业的增速都下来了，我们的制造业，我们的重化工业，情况都差不多，还想实现强劲的增长，像前几年一样的增长，不可能了，也不要想了。在这种情况下，我们刚才探讨了第二个问题，利率一定是低的，流动性一定是相对宽松的，那么谁是最牛的？一定是未来成长性确定的行业，所以它的估值是高的。

新能源：确定性溢价

姚振山：确定性强的反而估值更高，要给确定性更高的溢价。有人说新能源板块的双头出来了，你对新能源板块是怎么看的？

卫保川：简单聊聊我对新能源汽车的理解。10 年前我们就开始基于环保、低碳的要求提出要补贴新能源汽车。2015 年、2016 年又开始补贴，今天来讲，我们这个行业的发展不再是靠补贴了。那么今天汽车行业正在发生什么变化呢？汽车在智能化。最早发展电动车产业提的是低碳发展、环保，后来又提出电动化，现在是智能化，大家发现特斯拉把全球汽车带进了“苹果时代”。

未来的车一定是智能化，而智能化以什么为基础？一定是以电动化为基础。传统的燃油车，当你执行一个决策时，比如刹车、加速、拐弯，它的反应时间是 300～400 毫秒，而电动车的反应时间是 13～15 毫秒。过去是机械结构，现在都是线束结构及电子设备控制系统。智能化只能在电动车上实行，过去说电动化催生了智能化，现在来看智能化一定要求汽车电动化。全球汽车一年平均下来是八九千万辆的销量，去年电动车卖了多少？中国是一百三十万辆，全球是三四百万辆。传统燃油汽车相对新能源汽车而言，就好比随着苹果手机的出现，摩托罗拉、诺基亚卖得再便宜，也是大势已去一样。

姚振山：这是大趋势。

卫保川：现在来看，智能化正在彻底摧毁纯燃油车存在的基础，并在不断地推动电动化的发展。这么来看，新能源车的估值并不高。今年产量预计不到 400 万辆，车均带电 70 度，未来比如说发展到 2 千万、3 千万辆的时候，如果 2 千万辆乘 70 度，这是多么大的电池需求，所以太瓦时代一点都不远。基于这一点，我们按照 8%～10% 的净利润来算，看看未来电池有多大的利润量。现在如果格局不变，三四年以后，再看这些企业的最终估值高不高。所以对于刚刚起步的一些行业，不能用 PE[①] 这些指标来估值。它现在的阶段相当于一个几岁的孩子，用几岁孩子干的事去衡量到底该支付多少工资是不对的。他会长到二三十岁，前途不可限量。这个时候对于一些新兴行业，别轻易去言顶。

光伏行业的无锡尚德死了，很多企业死了，风风雨雨当中隆基股份一直涨到今天。光伏的前景非常清楚，技术不断地进步，未来光伏能源是最便宜的能源。之前全球那么多十几万、二三十万千瓦的小火电发电机组再也不会出现了，都会被这些最便宜的新能源替代。当然这里面也提出了很多新问题，比如储能问题，储能领域也有很大的发展空间。我们从储能又联想到新能

---

① PE 是指股票的本益比，也称为“利润收益率”。本益比是某种股票普通股每股市价与每股盈利的比率。

源汽车，每一辆新能源汽车未来就是一个储电系统，不光能给汽车输电，未来也会发展成一套输出系统，也是一个储能系统。过去我们把汽车、光伏、储能等新能源产业都分开看，今天我们看到的是一个有机的整体，它正在发生巨大的变化。过去10年，智能手机催生了一些大公司，而汽车这个市场要大得多，可以想象的空间更大。

姚振山：新能源汽车产业链上，到目前为止已经出现了10倍股，未来还会出现10倍，甚至20倍、30倍的股票，就看怎么挖掘。

卫保川：正如苹果产业链上的很多公司涨了几十倍一样，新能源汽车产业链的市场空间同样很大。电动化产业链上的公司确实涨得比较多了，但这个过程远远没有结束。从投资的角度而言，我更重视未来的智能化时代哪些公司会脱颖而出。而智能化是电动化的催化剂，如果智能化20多年以后能取得比较大的进展，发展到L3（有条件自动驾驶）甚至L5（完全自动驾驶，即无人驾驶）阶段时，大家就不会再讨论新能源车和燃油车的竞争了。今天讨论电动化的投资机会，是因为现在智能化其实还处于萌芽阶段，还处在“胎儿期”。谷歌、苹果、索尼、百度纷纷下场，汽车智能化大趋势才刚刚开始。这里面涉及感知系统、处理系统、执行系统，可能早期非常难以判断某个公司会怎么样，但是这个大趋势是很明显的。就中国现在工业制造技术能力所达到的水平来说，我觉得智能化的机会可能更大。所以就投资来说，过去我们总是在盯周期，政策一会儿放水，一会儿收，市场一会儿牛，一会儿熊，现在要紧紧盯住行业发展的大趋势，别再去关注什么牛市、熊市，政策宽了、窄了，LP 高一点还是低一点，社会融资多一点还是少一点之类的事情。这些跟你没有太大关系，只要盯住行业、盯住公司的行业地位就可以了。从这一点来说，未来 10 年做投资的人还是很幸运的。

看行业 β，找 α 个股

姚振山：我们今天讨论宏观经济比较多，你深入剖析了宏观经济与行业的关系，与市场的关系，甚至与个股成长的关系，感觉听了一堂生动的经济学课，受益匪浅。也让我明显感觉到，你已经不爱谈二级市场了，比如股价走势、指数走势和变动，已经开始深入研究产业未来的演变，再从中寻找一些大机会。对 A 股市场的研究逻辑，你是不是也觉得这几年发生了很大的变化？

卫保川：我是根据你展示的那张图展开的，早期中国股市就是庄股时代，后期是典型的政策周期时代，那个时候炒政策。为什么？流动性一放，有不可抑制的经济周期冲动，一定是戴维斯双击；过热之后，政策一调控，流动性收得很厉害，业绩就下来了，这就是戴维斯双杀。早期是庄股，后期政府加强调控，又使得市场面临着周期波动。今天这个时代没有那么强的调控了，经济已经过了那个阶段了，这个时候一定是价值时代。我们现在对周期这些东西肯定要看，肯定要看全球的汇率、利率及中国的水位，但是大的周期不会结束，还是在这个框架里运行，这个时候就是看行业 β，找 α 个股。

姚振山：刚才你重点从电动化讲到智能化，从你的资产配置来看，你的大部分投资都是跟电动化有关的，或者跟新能源汽车有关的东西吗？现在不买别的了吗？比如消费、化工，都不买了吗？

卫保川：我认为最优秀的公司一定是做一个组合。有的时候，我会把某些股票的比重配得高一点。为什么比重高？因为它是一个新兴行业，一切技术路径、产品材料都在发生变化，所以我会给某些公司更高的容忍度。比如说电池行业当中，不可能不要宁德时代；材料当中，电解液行业出来了一些相当优秀的公司；隔膜行业也出来了很优秀的公司；再往上走，基于未来储能的发展预期，磷酸铁锂电池公司我也不可能不配。我可能会配得宽一点，像新能源、智能化这些我比较确定的，我会去配领先的企业，最优势的我也会配一部分。但是对于这种新兴行业，因为它们刚开始外延扩张，容错率比较高，所以我会配得多一点，而传统行业当中，我会相对严格一点。我一定会配置极其优秀的公司，比如刚才举的例子，三一重工我会配，在我看来它其实是一个成长股。

姚振山：它的市场性质变了，不再是原来的周期股。

卫保川：现在不是政策一放水就涨，一收水就跌那么简单了。刚才举的例子我们都配置了，比如轮胎行业的优秀公司，传统电气自动化公司等，也包括优秀的具有海外拓展能力的制药公司。

姚振山：从行业的角度来说，就是要找各个领域里最好的公司做配置。你今天给大家建议的思路是比较清晰的。未来我们真正进入了价值投资时代，要真正根据公司的表现来进行配置，要把股市本身指数的波动看得越来越淡一些。

卫保川： 我基本上不看指数，没有意义，谁能体现我们今天这个市场及行业公司的本质特征呢？上证指数，还是科创板？科创板中也不全都是优秀的公司，指数不能代表什么。

姚振山：我还想问你一个问题，对 2021 年指数的趋势和走势，你有什么样的判断？

卫保川： 说到这一点，把话说得实在一点，没有必要故弄玄虚，基于行业的趋势来讲，行情远远没有结束，涨幅也会挺大的。我经常跟我们团队讲，现在主要看行业公司业绩是不是还能继续向上延续。股价涨高了，什么时候回调不重要，未来三五年里回调个把月或者一个季度都没有关系，回调了还会涨。

姚振山：回调幅度呢？

卫保川： 不同行业的回调幅度有不同的特征。上周新能源振荡很大，比如电动汽车，尤其是固态电池概念所带来的冲击很大。我们研究之后发现三五年之内没有办法实现，那就继续加仓，对高成长企业我们就是这个态度。大家可以排一下顺序，哪些是绝对高成长的企业，能容忍高估值。高的表现是什么样的呢？无非 K 线陡了一点。

姚振山：你现在还看 K 线？

卫保川：大家对 K 线很担心，太陡了一定会有风险，这是市场共识。有些行业在涨，有些在跌，根据我自己的观察，2021 年流动性肯定不如 2020 年，越是在流动性紧张的情况下，越要找增长确定性高的股票，热点也越不会扩散。

姚振山：因为可买的少了，反而更集中了。

卫保川：其实年前大家都知道，12 月的中央经济工作会议也告诉我们了，四季度货币政策也说了，流动性最宽松的 10 年过去了，但是不会收太紧。下半年债券的利率等指标已经反映了 2021 年将要面对的流动性状况。我觉得利率不可能大幅度上行，利率大幅度波动的时代过去了。在这种情况下，流动性一定会管住，但流动性的收缩是相对的，绝不会再重演类似 2004 年的铁本事件。流动性波动不太大，边际相对收缩，还是要抓住最核心的资产。

姚振山：在熊市里，股票其实更好找，真正的好股票只有那么一点，很多资金可能只要找到它们之后，都集中在它们身上了，这类股票反而更容易穿越熊市周期，提前走出来。牛市里面很多股票都有涨的机会，有些人对行业、产业、公司研究得不够深入，反而不好判断，最后胡子眉毛一把抓，也不知道到底该买谁，哪些股票应该长时间持有。

卫保川：稍微补充一点。我们用宏观的流动性替代线性，直接跟股市挂钩，那么股市的流动性只是宏观的央行货币政策的二阶导数。

不可能央行政策稍微收缩一下，股市马上就没钱了，过去可能多少有点关系，现在来讲必须看到货币政策对股市的影响中间穿插了老百姓的一些投资行为。过去钱一放，老百姓买房了，可能那个时候信托还有刚性兑付，有大量的影子银行业务。今天老百姓的理财观念变了，老百姓的投资正在向机构投资集中，这是确定的趋势。很多小的投资者撤出房地产，撤出影子银行，撤出信托之后，其实更认可现在的机构投资，所以央行货币政策对股市的流动性的影响不再像历史上那么线性。

姚振山：现在开始没有线性了？

卫保川：从 2018 年去杠杆开始，很多金融政策的实施必须打破刚兑，所以大家可以感觉到，近一两年来，普通居民资产配置的风险和收益的选择正在发生很大的变化。

大家更不愿意去国外投资，知道那里风险可能更高。大家对房地产的爱好也在发生着变化。实体经济状况决定了未来的低利率，看看货币基金 5 年前什么收益？现在什么收益？资产配置都发生了变化，权益市场的收益率比任何行业都高，百分之十几的 ROE（净资产收益率），优秀的公司估计三五百家，跟两三个点的货币收益相比，这边明显好得多。这边收益高到底是幻觉还是真实？很多人一开始不研究，研究之后发现这不是幻觉，这个过程也正在教育你，这其实是未来的投资大趋势。

主持人手记

从资深财经媒体人到客串央视财经频道证券节目主持人，从中国证券报首席经济学家到私募基金管理人，有近30年投资经验的卫保川，被资本市场和媒体界誉为跨界转型的成功代表。他对宏观经济熟稔于心，以前重点研究货币政策变化带来的市场涨跌趋势，而现在深耕行业和产业大趋势，对行业趋势和个股的研究日益透彻精深，完全淡化对指数涨跌的关注。这些研究模式的变化，契合了整个国家产业结构的变化，企业全球竞争力的变化，也让我们对整个证券市场的大时代和大变局有了更加清晰的认识。

PART 3

2021 经济新周期，关注高资产壁垒公司

姚振山 vs 星石投资首席执行官 杨 玲

杨　玲

星石投资首席执行官

全国青联第十三届委员会委员、中国证券投资基金业协会第二届合规与风险管理专业委员会联席主席、中国财富管理 50 人论坛常务理事。

具有 18 年基金从业经验。曾任职诺安基金管理有限公司、工银瑞信基金管理有限公司、兴业基金管理有限公司。

星石投资成立于 2007 年，由中国第一代明星基金经理、第一批“公奔私”基金经理江晖创建，是中国第一批阳光私募公司，也是基金业协会首批特别会员。

❖ *2021 年按照继续炒估值的逻辑，也许有些人也能赚钱，但是这个概率变低了，难度变高了。*

❖ *三个投资关键点：供给出清、盈利驱动、高资产壁垒。*

❖ *胜者为王，剩下的一定是抗风险能力、产品质量、综合实力相对比较强的企业，它们会迎来快速发展期。*

❖ *市场不是考试题，没有标准答案，市场是无数个投资者共同定价的结果。*

❖ *2021 年从整个盈利驱动逻辑来讲，可以总结这样一句大白话：要寻找真正的好股票——盈利增速能撑得住的股票。*

❖ *投资一定是在有一半的确定性收益时进去，如果确定性很强，就在高位了，这是整个大投资逻辑。*

A股：大变局、大机会

姚振山：从2018年到现在，A股市场的整体表现跟前面的20多年有很大的不同。最明显的一点是，从2018年到现在只有那么几个行业在涨，指数也没有大涨，但是有些股票的涨幅比牛市时涨得还多，有的涨了10倍、20倍，这一类股票其实出现了不少。我们很多人可能身在其中，并没有充分地感受到。以你的观察，我们的A股市场到底发生了哪些深刻的变化？这个你怎么看？

杨　玲：确切地说，或者往高了说，资本市场发生了比较大的变化。大家回忆一下，A股市场刚刚诞生的时候，它的定位是什么？它是试验田，当初就是我们先开着试试，如果觉得好就弄下去，不好就关掉。所以A股从诞生之日起就有实验性的意味在里面。我们再看看股权分置问题，过了这么久，最近10年才陆续把它完全解决掉。为什么大家觉得A股熊长牛短，原因很简单，流通股的股东只能通过低买高卖来获利，很难通过对上市公司、管理层的影响，甚至对公司长期业务的影响来获取长期经济增长的红利。

很多人都说A股市场有点像赌场，只能通过低买高卖来获利。股权分置改革开始的时候，流通股和法人股或者国家股，完全不是一个权利平等的状态。股权分置改革初期，A股流通股的股东还是受损的，因为流通股突然扩增了 10 倍，实际上整个市场消化期就是漫漫长熊。2018 年前后消化期结束，我们发现法人股转成流通股之后有一个禁售期，禁售期结束之后，整个 A 股市场发生了很大的变化。当年的法人股现在变成流通股了，现在大家的权利是平等的，我们跟国资委持有的上市公司的股权是一样的，同样能够通过二级市场的并购重组对上市公司施加一定的影响。这个在未来会慢慢展现得更加明显，目前的情况与当年的房地产市场类似。当房地产市场由福利房向商品房转化的时候，我们发现房子的价格涨了 10 倍不止。为什么？因为商品房与福利房大不相同，代表的权益也大不相同，也就是说，股权的内在价值有了很大的提升。所以基于这一点，我个人有相对比较乐观的判断，未来 A 股将会走出一个慢慢长牛，是长牛也是慢牛。它类似于美股，每次回调，拉长周期来看都是一个上行阶段。但是因为 A 股的消化期才结束，所以慢牛周期将会很长。这是第一个非常重大的变化。

第二个大变化就是你刚才提到的表象。大家觉得好奇怪，为什么只有那几个板块，或者一部分股票在涨，大部分的股票好像没有怎么涨，我觉得其实主要原因就是第二个深刻变化。因为 A 股市场无论如何反映的是中国经济，中国经济的结构在慢慢地发生一些变化，大家看到的是股票，关心的是上市公司，没有太关注这一块。中国的经济结构由原来的重化工业发展而来，是一个以重化工业为主的经济体，以前强调投资拉动、出口拉动，现在正慢慢地向消费或者消费拉动的方向转化。但是整体的转化是缓慢的，你去看 GDP 的增速，大部分的增长都在新经济的方向，可是重工业的整体比重依然比较大。所以在这个过程当中，大家会觉得指数的上涨很有限。前段时间大家在热炒这件事情，说拉长周期来看，过了10年指数终于打平了。和10年前打平了，听上去不像庆祝，作为多年的A股人、基金人，我会觉得有点调侃的意味。这么长时间，经济增长了，大家本应该在市场里获利，但最后指数只是打平了。这也说明，尽管新经济的发展速度非常快，但它在整个经济体量中的占比没有那么大，所以大家对它的感觉不明显。

也就是说，A股市场反映了中国经济结构的变化和方向。因为A股投资者，不管采取哪种策略，宏观策略也好，自下而上的策略也罢，大家最后得出来的结论是一样的。大家都看到了未来中国经济发展的希望和方向，增速最快的那一批产业就是新经济的方向，因此，反映到个股上情况也是如此。一些老方向上的行业，增长得很慢，相对那些增速很快的新经济方向的股票来说，大家觉得买入持有这些股票太没有意思了。此外，以银行股为代表的一类股票反映了这样一个状况：每当市场中枢抬升一个台阶的时候，资本市场由试验田向主流融资体系转移，事实上它的估值中枢是节节抬升的，不会回到原来的低位上。

经济结构主导股票结构

姚振山：中国经济结构发生了变化，这两年上涨的股票代表了新经济以及未来增速和复苏的方向，这是你的一个整体判断。你刚才讲银行，老的这些产业，它的估值中枢上了一个台

阶，我有点疑惑，有点不同的看法。我们看到代表新经济的股票，比如以光伏、电动车和风电为代表的新能源，以及医疗器械、医疗服务、高端消费，包括新消费都是涨的，这没有问题。宁德时代都有 200 倍市盈率，有人说它就是一个电池，拉长周期来看，它还是制造业，制造业都有 200 倍市盈率，但是有 3000 只股票却在跌，在跌的过程当中，这些股票的估值会上一个台阶吗？应该是下一个台阶吧。

杨　玲：3000 多只股票代表不同的产业方向，银行股代表的是什么？银行股代表了一个中枢，它代表了整个重工业。因为它的贷款结构代表了中国经济的平均值，而且银行股的平均估值在市场下跌的时候也就五六倍，估值是最低的。当整个市场中枢往上上一个台阶的时候，我们就会发现银行股会快速补涨一轮，事实上这是一个很明显的补涨行情，但是涨到一定阶段就上不去了。中国经济的结构转型还有一个漫长的过程，发展速度也不会像以前那样快了，更不会像你刚才提到的一些新能源股一样一飞冲天，尽管不能说没有上限，但它的空间是很大的。中国原来以重化工业为主的经济转型是缓慢的，可能还要再花 5 年时间，甚至更长时间。它的估值中枢都是向上的，一经确认就会快速补涨一轮，涨得很快，涨了以后稳在那里。这说明无论用哪种策略来观察，投资者发现长期上行的趋势已经得到确认。这也说明，为什么今年年初基金发行那么火爆，这个趋势我觉得可能会得到越来越多的认同。

姚振山：现在经济结构发生了大的变化，造成 A 股市场上部分

股票出现上涨，其他的股票即使涨，也是补涨一下，中枢往上走一点，但是长周期来看，它的收益率没有那些代表新经济的高。如果这样判断的话，你觉得 2021 年会回到短期的市场表现吗？进入到 2021 年 1 月份，大家觉得钱很难赚。大家都还在推荐新能源。最近给人的感觉是，技术上很难判断，不管是短期头部还是中长期头部现在都不好判断，至少从走势上来看，白酒、医疗器械、消费都不是那么流畅了。如果市场这样持续的话，在 2021 年，我们要去选择超额收益或者好的收益板块的话，有哪些主线可看？

杨　玲： 首先要弄清楚一个大逻辑，2020 年主要涨的是什么？包括 2020 年之前，前几年涨的主要逻辑还是流动性宽松，而且是全球性的流动性宽松。尤其是疫情来了之后，以美联储为代表，漫天撒钞票，尽管说得有点极端，但是肯定是属于史上比较大的流动性放松。因此我们发现，在此期间不仅是 A 股，许多资产的投资逻辑都是抗通胀。这种“撒钱”让大家有一个预期，当经济好起来的时候，收缩货币肯定不可能像放松货币那样快速、猛烈，否则对经济造成的损失是不可挽回的。每当美联储要收紧货币的时候，一般提前一两年吆喝，今年不会收，但是明后年会收，一般两年就会收回来，而且收紧货币的时候都是收复较慢的。在去年放货币的时候，很多人在担心，后面会不会有一个超级大通胀。美国桥水基金创始人达里奥说，后面会出现一个超级大通胀。在这个逻辑前提下，黄金出现了惊人的上涨。一年的涨幅那么大，很惊人，包括比特币，大家也惊呆了，资金肯定是为了避险。我个人感觉 A 股去年、前年的逻辑基本上也是这样的。大家所说的核心资产其实就是大白马，新能源是新经济方向的大白马，基本上大家都看得很清楚了。如果从抗通胀的角度来看，它们是能够支撑这么高的估值倍数的，之前你能够想象比特币涨这么高吗?

姚振山：因为流动性。

杨　玲：大家担心未来可能会有全球性的、潜在的通胀，大家要抗通胀。在这个过程当中，所有投资都是提前防御。大宗商品在涨，而股票资产是一类很好的资产，因此海外的资金进来也是按照这个逻辑买，国内的资金也是按照这个逻辑买。所以你看这一轮股票涨得很猛，大家难以想象，说它再好也只是制造业，怎么能支撑这么高的倍数？反过来想，比特币涨这么高就能理解，凭什么全球这么高市场占有率的企业股票不能涨这么高？我个人理解，不管是自下而上的逻辑还是自上而下的逻辑，都能支撑这么高的倍数。不仅仅是新经济的股票在涨，传统白酒，包括受益于抗疫概念的医疗股也在涨，这说明了什么？不管哪条主线，大家寻找的都是大白马、抗通胀概念，这个逻辑 2021 年是否能持续呢?

姚振山：这个问题很大，你怎么看?

杨　玲：2021 年流动性是否仍会持续全域性放松？不可能了。很多人第一时间关注了，去年 12 月份央行在货币政策报告里明确提出，中国货币政策要回归正常化，不是货币收缩，而是超级宽松的政策要慢慢地退出，实际上我们看到的也是如此。首先我们松的时候，没有像欧美松得那样厉害，我们收得比他们早一点，自然会柔和一点。最近中国银行间市场七天回购利率，上升得很快。这说明整个货币环境是回归中性化的，炒估值的逻辑很难持续了。即使要继续抗通胀，已经 200 倍估值的股票还能有多大的空间？ 2021 年按照继续炒估值的逻辑，也许有些人也能赚钱，但是这个概率变低了，难度变高了。

三个关键点：供给出清、盈利驱动、高资产壁垒

杨 玲： 2021 年新的投资逻辑是盈利驱动。大家都在说，到底有没有盈利？ 2021 年第一季度、第二季度，GDP 增速会在两位数，大家对此很确定，但对全年的 GDP 增速现在还有些分歧，有的人觉得 9% 以上，有的人觉得 8% 以上。一、二季度肯定很好，很多人担心上半年很好，下半年不行，因此今年要做盈利驱动。盈利驱动型股票，是不是能够支撑？我们认为能够支撑。这里有三个关键点，第一个关键点是“供给出清”，第二个关键点是“盈利驱动”，第三个关键点是“在盈利驱动下找高资产壁垒的股票”。

姚振山：这三个关键点有递进关系吗？

杨 玲： 对。

姚振山：供给出清怎么理解？

杨 玲： 因为以前中国经济发展较快，制造业在一定程度上供给

中国供给出清

- **中国制造业经历了长、中、短三次供给出清**

✓ 第一次（2011—2015）：需求持续下行，供给大量过剩，导致这轮出清特别漫长，历经 5 年才基本完成；

✓ 第二次（2018—2019）：金融去杠杆叠加中美贸易摩擦，信用收缩，信心下滑，导致这轮出清非常猛烈且彻底；

✓ 第三次（2020）：新冠爆发导致需求短期冻结，投资下滑，供给的过度出清将在未来形成产出缺口。

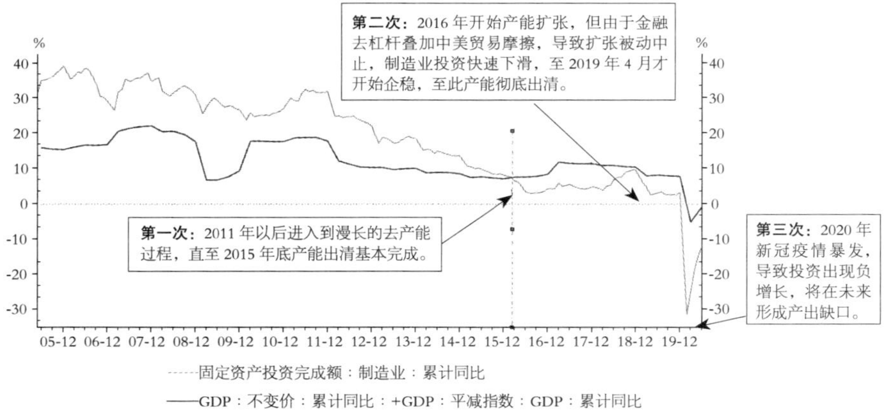

来源：Wind

图 3-1

有些过剩，只不过有些行业过剩很严重，有些行业不是那么严重，所以的确需要进行供给侧改革，就是供给出清。中国有三轮供给出清相对比较猛烈（见图 3–1）。

第一轮是 2011 年至 2015 年，主要是因为需求下行，供给确实太多了。需求下行，实际上很多企业特别是民营板块，在这个过程中最早收缩，因为它本身规模小，抗风险能力也小，出现问题的时候，最先有一个出清——通过退出、倒闭、并购等方式使供给收缩了一轮。第二轮是 2018 年至 2019 年，就是金融去杠杆，叠加了中美贸易摩擦等因素，在整个过程中国有板块也经历了供给收缩。最猛烈的是新冠疫情期间，这一轮过后供给出清空间被榨光了。尽管有新冠疫情的影响，有需求收缩的影响，但我们会发现工业品的价格没有很大地下行。第一轮收缩的时候，为了竞价，需求稍微下降一点，工业品的价格马上下行很大。

姚振山：那个时候是倾销式的出清。

杨　玲：对，因为利润空间还有，竞争空间还有，但是这一轮出清的时候价格下行很小，说明整个供给出清空间被压缩得很小了。一旦疫情的阴霾过去，比如今年一二季度的时候，经济恢复正常，供给出清已经比较充分的行业、企业，就会迎来一波好处——需求猛烈反弹。疫情或者其他的一些因素压抑了需求，一旦情况好转，需求必然迎来猛烈反弹。因为供给端的这些企业，也就是供应商的数量大幅度减少了。原来温州的打火机厂，几个村子附近有 100 多家，这些厂家那个时候竞争非常激烈，现在就剩下了 10 家。原来需求收缩的时候，10 家就够了，需求一旦反弹，这 10 家企业就会迎来订单集中和需求反弹的双重好处。所以这一类企业就会迎来我们说的第二个关键点——盈利驱动。我们预计 2021 年整个企业的盈利驱动增速可能会达到 30% 左右。

姚振山：这么高！ 10 年最高！

杨　玲：对。我们认为今年企业将迎来盈利增速反弹最好的时代，不是这些企业的成长性有多好——已经压到底了，而是一旦需求反弹，能够满足订单需求的这些企业的数量有限。胜者为王，剩下的一定是抗风险能力、产品质量、综合实力相对比较强的企业，它们会迎来快速发展期。相比中国的其他企业来讲，上市公司的盈利增速还会更好一点，所以我们大胆地预测，它们的增速大概在 30% 左右。2021 年，可能你在 1 月份的时候还很难看到这样一批企业，但是如果从需求和供给的角度来看一些线性指标，这样一批优秀企业是很多的，而且估值还在地板上。一季度、二季度的时候这些企业会迎来业绩的触底反弹，增速一起来，这些个股可能会迎来戴维斯双击，这些是我们要重点关注的。说到了第三个关键点，就是哪些企业和哪些个股在反弹的时候，订单带来的红利能够持续更久。如果是打火机厂，订单来了，你就拿了上半年订单中的红利，下半年可能又出现 10 家打火机厂，那些倒闭的又死而复生，接着又扩增到 50 家了，超额红利就下行了。我们要寻找的这一类企业是什么？是超额红利能够有持续性的，至少能持续一两年的企业在供给出清叠加需求反弹之后，它们的收益是最高的。

姚振山：简单理解一下，你想表达的就是，在供给出清之后，很多小厂可能已经倒闭了，所以当需求起来的时候，很多小企业生产不出来，只有几个大型的企业，比如上市公司能生产出来。所以订单刺激叠加供给不足都会造成价格上涨，使得盈利大幅度反弹。而外部资金一看，这个行业有很多机会了，即使想投资，但最后发现可能需要半年甚至一年才能投产，这个投资期会很长，也就不投了。是不是这样一个逻辑？

杨　玲：对，这就是我们提到的高资产壁垒。这些行业、这些个股必须要有高资产壁垒，新的企业想要进入这个领域，没有两三年的时间是无法进入的。在经济恢复、供给出清之后，它的收益是可持续的，这样的股票买入并持有，会有比较稳定的增长。另外，今年不再是注水行情了，很难有估值整体抬升的行情。如果盈利增速连续 3 年保持在 30% 以上甚至更高，那么这个股票买得就很稳妥。

姚振山：别人建了新厂开始产出的时候，你已经赚了 3 年的钱，我就得找这一类股票，在 2021 年的这个时点将它们充分挖掘出来。

杨　玲：这些股票还在业绩低点，还在挣扎、徘徊，只是在别人倒闭的时候没有倒闭而已，它的超级红利期尚未到来，它的超级红利期在未来 3 年。

姚振山：这个时候股价最低？

杨　玲：对。

高资产壁垒

姚振山：高资产壁垒有哪些类型？

杨　玲：高资产壁垒行业是周期股，比较明确的就是有色，它现在已经涨了一轮了。有色也会受益于其他因素，但其周期股的特点是最明确的。它的高资产壁垒在于它属于矿产资源，前期投入的资金量很大，因为你要找矿，要开发矿山资源。它的投资周期也很长，所以我们称其为周期股。它重资本，有投入壁垒，没有十几亿根本干不成。有色、采掘、钢铁、化工的资本投入量都非常大，包括建厂等，都是属于重资本投入。当它从底部迎来复苏反弹的时候就很厉害。有色不用说了，已经涨了一轮了，说一些估值相对比较低的，比如采掘、钢铁、化工。

姚振山：这些行业以前大家都不看。

杨　玲：即使房地产行业备受打压，这个行业也不会消失，钢铁行业也一样，尽管它们的估值已经在地板上了。经济复苏之后，我们看一下 2021 年的规划，比如有重点产业集群的城市建设，包括其他一些大干快上的项目，需求反弹肯定是有的。钢铁厂经历了痛苦的出清过程，无论是通过并购还是退出，或者其他的方式，它的供给已经收缩了。在需求猛烈反弹的时候，这一类企业还是相对比较有机会的，毕竟估值摆在那儿。按照这个投资逻辑，有色行业会率先受益，在周期股重资本投入的同等逻辑下黄金之类的股票涨得比较多。3000 只股票在下跌，这些股票下行是因为之前的业绩一直在往下走，在出清的过程中有些甚至退出了这个行业，周期下行的时候，自然估值、业绩双跌。

姚振山：有色也分很多种类型，新能源中整个电动车产业链中的锂、钴是一类；大金属铜、铝是一类；小金属锡、钛、镍等偏新能源的金属也是有色。我们还有大宗商品，还有一些小的。稀土从专业角度是不是也归在有色？2021 年买哪一类？

杨　玲：就我们基金来讲，整个资金的规模是 100 多亿，量相对比较大。基本上我们买的是大品种，因为它的资金容量相对比较大，进出对价格冲击相对比较小，相对来说大品种参与得比较多，一些小的品种参与得就比较少了。

姚振山：你的大品种不能模糊，再具体点。

杨　玲：黄金、铜这些品种已经涨得很猛了，所以还是要找估值合适、业绩驱动力相对比较强的这一类，相对更安全一点。它们的盈利弹性也不一定差，其实周期股的盈利弹性历来不差。

姚振山：有色需要重资本投入，也是你 2021 年推荐给大家或者让大家重点去研究的一个领域。高资产壁垒的第二类公司，会在哪些行业存在或者具备什么特点？

杨　玲：高资产壁垒行业在消费方向上也有一块，这一块的壁垒体现在哪里？主要体现在渠道或者经营网络的壁垒上。比如消费这一块，现在消费的压力还很大，消费一旦火了，很多资本能够快速杀进某些领域。但是这些行业存在一些渠道或者经营性网络，线上也罢，线下也罢，网络壁垒很高，比较难进入，比如家居、家电、交运、线下服务、军工等就很难复制。去年和今年的消费复苏都比较慢，复苏比较快的是投资，出口也很好。从去年年底到今年年初的消费反弹趋势能够看出来，市场蓄积了巨大的能量，一旦反弹起来涨幅较大。我们可以重点关注受疫情影响比较大的行业，比如交运里的航空。它们的业绩在底部，一旦有比较强势的反弹，会出现一些偏周期股的特征，弹性会比较大，有可能出现戴维斯双击。消费领域，我个人觉得还是要看估值，比如白酒，也符合这个逻辑，线下以及网络渠道优势还是很明显的。不太有利的一面就是白酒的估值太高了，整个白酒行业平均估值已经到 58 倍了，今年没有货币流动性继续放松的支撑，在行业平均估值这么高的情况下，上涨的空间就有限了。不能说白酒行业里没有继续上行的股票，也许有，但是概率变低了，后面就只能是个股涨估值了。比如交运，整个行业平均估值大概在 25 倍左右，可选择的空间很大，在估值不下调、不兑水的情况下，业绩起来后，上涨空间还是挺大的。

消费大领域比较重要的支撑还是关注估值，估值太高，很难撑住，毕竟 2021 年流动性不可能再继续放松。1 月份我们观察到，消费大领域正在回归正常化。最近股票上蹿下跳的，进来的资金太多了，越来越多的人意识到，应该在 A 股加大资产配置。可是进来之后买什么，分歧太大了。你如果还按过去两三年的路径走的话，还是按照这种炒估值的逻辑，你会很难发现投资机会。2021 年很难按估值找股票了，不只是中国，美联储也表示，2021 年货币政策不收紧，但是明年可能要收。拜登上台以后，搞了 1.9 万亿大派送，当年要全部花完。有一家券商大胆地预测，2021 年的通胀率可能是 3%～4%，而过去几个月平均才 2%。果真如此的话，这将触及核心通胀预警线，美联储可能会提前收紧货币政策。今年稍微有一点收的迹象，市场也很难再有大流动性的支撑了，这个时候就不要再按照过去的路径炒估值了，尤其是消费估值这一块。

姚振山：它们有渠道和网络优势，以交通运输为代表，不得不提到航空的弹性，如果疫苗推出之后疫情逐渐稳定的话，可能航空的机会大一点。还有哪类公司属于高资产壁垒行业？

杨　玲：这个弹性不是消费股的逻辑，是周期股的逻辑。第三块高资产壁垒行业就是科技行业，科技股整体的问题就是实在太贵了，它还不像白酒，行业平均估值才 58 倍。刚才我提到了新能源方向、电子方向，这两个方向还会起来，只能用抗通胀概念解释这个问题，它们是大白马。我们梳理了一下，新能源产业链，比如电器设备的行业估值达到了 49 倍，有些业绩增速是很差、很低的。刚才提到的，像半导体，整个行业估值是 100 倍，这个实在太惊人了。我承认它很好，代表了新经济方向，业绩增速也是值得相信的，但估值太高了，一旦流动性难以支撑的话，要么就得躺着，要么还是会上蹿下跳地波动。

姚振山：问题是多少合适呢？刚才讲到半导体 100 倍，太高了，锂电池很多都 100 多倍甚至 200 倍，消费类电子也是 100 多倍甚至 200 倍，太高了，多少叫低？50 倍还是 48 倍？

杨　玲：很难有绝对的比价关系。

姚振山：怎么理解它的高？

杨　玲：跟别的行业相比，现在的比价关系太离谱了。市场不是考试题，没有标准答案，市场是无数个投资者共同定价的结果。比如我就是一个典型的机构投资者的代表，面对这么高的估值，我当然要找其他低估值的、业绩增速又好的股票。尤其是 2021 年，流动性上不去，去除石油、金融等，股票盈利增速达到 30% 的话，能在 A 股找到多少？替代一两百倍的好股票有很多，你 200 倍，他才 30 倍，我会毫不犹豫地调一下，把它的持股比例稍微调低一点。

这就是一个比价关系，任何资产类别都是比价关系。当能够找到更好的替代品的时候，毫无疑问可以买入并持有，我会稍微调整一下资产配置比例，一直持有，即使波动也不用管，5 年后还是会有很好的回报率。

姚振山：在技术工艺领域，半导体的估值相对较高。在新技术领域里估值相对比较合理、资产壁垒又比较高的是哪几个行业？

杨　玲：机械设备、电子、传媒这些。

姚振山：传媒也是？我听到这两个字有点疑惑。去年因为疫情的原因，电影院很多都关着门，现在上座率仍然不高。因为疫情的原因，以前一部电影三个月就可以杀青，现在要五六个月。

电视剧、电影、网络剧等产品的总量都在下降，各个电影公司的业绩都在下降，2021 年传媒怎么会好呢？

杨　玲：还是两个逻辑，第一个逻辑是出清逻辑。传媒行业不单单受疫情的影响，还受其他因素的影响，比如政策引导影响、监管影响。还有一些传媒公司依赖个别明星对它的支撑，当明星出问题的时候，业绩波动相对比较大。事实上它的周期危机远远不只是疫情带来的，只不过疫情加速了它的周期危机。我刚才提到了三轮周期，传媒也经历过三轮周期，包括税收危机、监管肃清危机、新冠疫情危机，但它的出清更加猛烈，我们叫胜者为王。剩下的这些企业能够应对监管的要求，能够依赖明星带来业绩。尽管它们受到的影响很大，但它们做了一些内部调整，有些转到线上了，业绩也不错。不管怎么样，这一类企业仍然活了下来，当新冠疫情过去之后，它们已经能够适应现行情况，唯一的压制因素是新冠疫情，其实跟航空股是一个逻辑。当它迎来业绩反转的时候，反弹也是很强烈的。这一类行业现在估值还是在地板上，现在整个传媒行业估值只有 37 倍。

姚振山：以前大概多少倍？

杨　玲：以前动辄 50～100 倍，或者更高。

姚振山：37 倍是低了很多。

杨　玲：非常便宜。它受到各种各样因素的制约，有些已经濒临倒闭，如果能够经历所有的这些出清风暴，最终能够胜者为王，就可以涅槃重生，成为行业内的“凤凰”。我刚才提到了需求反转，这样一个“凤凰”一旦迎来了反转，也是比较值得关注的，毕竟它的估值太低了。

姚振山：整个传媒领域也有不少业态，像电影、电视剧、实景演出或者游戏等，不说公司，你觉得哪个业态在今年的弹性会更大一些，或者利润增速会更快一些？

杨　玲：不用说，游戏肯定是最快的，因为游戏本身是受益于新冠疫情的。况且国内这一类标的比较少，所以大家不太讨论它，很多人会买港股，比如腾讯控股。像腾讯这样的游戏股充分受益于这一轮新冠疫情，而且有持续性，新陈代谢也很快。它不断地在更新，原有壁垒也很强，这个肯定最先收益，业绩已经体现出来了，只是国内的标的太少了，不好选。

姚振山：去年年初新冠疫情刚发生的时候，游戏就大涨过一轮，三四月份之后不涨了，跌到年底。今天又起来了，2021 年第一季度以游戏为代表的传媒股票，机会到底怎么样，我们可以好好看一看。传媒问题已经解释清楚了，机械和电子怎么看？

杨　玲：这两类都属于有一定壁垒的科技型企业，经历猛烈的出清之后，一旦经济火起来，比如第一季度、第二季度中国经济起来了——这是概率极大的情况，它们的订单需求会有变化。从海外的情况来看，在存在高负债的情况下，美国新发了 1.9 万亿美元，欧洲也发行了大量货币，本身中国的出口受疫情影响相对比较小，加上今年全球经济复苏之后，整个经济的弹性会相对比较大。机械设备和电子有自己的技术和工艺壁垒，芯片就是典型的例子。其他企业想要进入这个领域，想快速地研发出这些东西会很难，在这种情况下这一类行业比较有机会。

“雄兵万里”与“蚂蚁搬家”

姚振山：今后流动性会相对收缩，所以要寻找绩优低估值的票。那么流动性收缩或者宽松的指标有哪些？

杨　玲：流动性的收缩还早，只是回归正常化。相对去年而言，流动性增速会放缓，不仅仅是中国，美国也一样，比如购买债券的计划，不会以原来的速度扩增了。中国也是这样，去年 12 月份政府明确提出来，货币政策要回归正常化。刚才你提到观察指标，短期内看回购利率。放松的时候的回购利率和现在的回购利率有 3%～6% 的差距。还有一点，通过十年期国债利率、七天回购利率能够观测到整个资金正由原来的超级宽松回归正常化，所以相对收缩是正常的。

姚振山：一方面是银行释放出来的流动性，给到实体部门和企业的部分可以从利率的角度来管控，相对来说容易些；另一方面是来自居民财富的流动性，这相当于是把我的储蓄搬到股票上去，这个流动性怎么控制？

杨　玲：储蓄大搬家也是我们非常认同的一个逻辑。居民资产原来大部分配在存款类和固定收益类产品上，这也解释了为什么银行理财产品中的资金量很大。储蓄搬家基本有预期收益的逻辑或者概念在里面，这个资金量很大，不可能瞬间全部转到股市上，这需要一定的时间。我非常看好 A 股长期的走势，可能就像当年的美股一样，拉长周期看，它每次下行后的调整，都是暂时的休息，在为未来的上涨蓄积更大的能量，而且每次都会创新高。A 股今后的走势不会像过去 10 年一样，到最后才发现用了 10 年的时间终于把指数拉平了，这是很悲哀的事情。未来从 10 年期来看，肯定每次调整都是为未来的上涨做一次续力。从 10 年、20 年周期来看，我也非常看好 A 股，它就是一个很明显的长牛行情。短期来看，储蓄搬家我们仔细研究过了，投资者的属性是相对偏保守类，他们不会在 1 年之内，迅速地把思路全部扭转过来。他们可能会多次尝试，配置资产时先配 5% 看看，然后到 10%、20%，再到正常的投资，配置周期会比较长，储蓄搬家是未来 5～10 年的趋势，具体几年很难说，至少是 5 年。从今年的情况来看，储蓄搬家肯定有利于 A 股的走势。流动性从原来的超级宽松回归正常化，估值还能撑住，估值中枢不会下行，但是别指望估值会像去年一样再往上高高地炒一轮。

姚振山：今年要降低预期，否则到最后有可能该留的股票守不住。你能讲讲哪个板块不贵吗？今天讲到的很多板块都不是很贵，刚才讲的高壁垒里也有不贵的。

杨　玲：前面讲的三类都是便宜的，有色稍微有点贵，采掘、钢铁便宜一些，只是它们还没有迎来业绩反转，我们也没有特别关注它们。消费类的白酒很贵，有些服装、纺织、航空很便宜，估值很合理，还有传媒，可谨慎寻找。

姚振山：今天讲了很多都是出现业绩拐点或者业绩复苏的公司，它的估值到了最低，盈利增速马上会很高，这个时候股价收益率、弹性、倍数就出来了。

杨　玲：讲行业没有讲个股的意义大，大家可以去寻找 A 股中盈利增速能达到 30% 的企业。不是每个企业都有这样的增速，可能一些行业的整体估值相对比较便宜，它们当中会有一些好股票、龙头股。真正业绩反转相对比较大的好股票，也可能被行业平均估值拉低了。这一类好股票肯定弹性相对比较大，但是这个行业不排除有些个股是 ST 股。2021 年从整个盈利驱动逻辑来讲，可以总结这样一句大白话：要寻找真正的好股票——盈利增速能撑得住的股票。

主持人手记

据说是巴菲特说的，女性是天然的好的投资者。同时他解释到，女性会有更多的时间研究市场，更少的交易频率减少交易过程中的损失，同时与男性喜欢冒险相比，女性比较稳健。

这几点放在星石投资和杨玲身上是比较契合的。星石投资作为老牌私募，投资素来比较稳健，牛市跑赢大盘，而熊市也很少亏钱，或者跑赢基准比较指数，这让基金拥有一批长期的客户。而更多的研究市场，也让杨玲对现在 A 股发生的大的格局变化有自己深刻的理解，也透过市场波动的表象，看到了“高资产壁垒公司”在目前“供给出清”“利润驱动”下的市场机会。而这种逻辑，是需要跳出每日的市场涨跌，花费时间去安静思考，不断推导的。

有时我们抱怨自己错过牛股，或者中途下车，或者上车太晚，不能把甜甜的甘蔗“从头吃到尾”，究其原因，大概率是“只缘身在此山中”了。

PART

4 挖掘结构性机会

张　琳 vs 重阳投资总裁　王　庆

王 庆

重阳投资总裁

现任上海重阳投资管理股份有限公司总裁，重阳投资是中国国内最大的私募证券投资基金之一，管理资产规模逾 200 亿元人民币。曾任国际货币基金组织 (IMF) 经济学家，美国银行大中华区经济研究和投资策略主管，摩根士丹利大中华区董事总经理、首席经济学家，中国国际金融有限公司董事总经理、投资银行部执行负责人。

王庆拥有美国马里兰大学经济学博士学位，此前从中国人民大学获得经济学学士和宏观经济管理学硕士学位。王庆目前为中国金融四十人论坛 (CF40) 成员、上海新金融研究院学术委员会成员、上海交通大学上海高级金融学院客聘教授。

❖ *目前市场上的这种分化会不会出现均值回归，变得更均衡呢？这是当前我们做投资需要考虑的一个重大问题。*

❖ *一定要结合宏观基本面的分析，稳扎稳打，先把能赚的钱守住，进而再去扩大战果。*

❖ *2021 年不一样的地方是，驱动市场的主要因素除了估值扩张以外，更多的是业绩驱动。*

❖ *把一些短期变化趋势化、永久化是我们投资者非常容易犯的错误，我们必须要因时而变。*

❖ *A 股市场有一个规律：追市场热点、做主题投资很热闹，但也很难挣到钱；基于基本面做一些严谨的分析，提前做一些偏逆向的布局，反而可以在获取好的收益的同时，又能比较有效地控制风险。*

❖ *如果你进入市场的初心是不亏钱，最后的结果通常是赚钱的；如果你进入市场的初心是要赚大钱，最后的结果往往是亏钱的。*

❖ *2021 年如果是一个结构性市场，那就一定是有的涨有的跌，看对了就是结构性牛市，看错了就是结构性熊市。*

❖ *A 股市场从来不缺短期业绩好的投资明星，但现实是投资业绩连续增长超过 10 年、年化复合收益率能达到 15%～20% 的基金*

和基金管理人寥寥无几。

❖ *我们的投资理念就是“三好”：好行业、好公司、好价格。*

❖ *不要期望在股票市场上暴富，这种可能性很小。只有极个别的，极其有天赋的投资人才能在股票市场上积累超额财富，绝大多数人是做不到的。*

❖ *我相信真正在中国大地上成长起来的好公司，目前是看不到天花板的。但判断一个公司是不是好公司很难，好的赛道上一定会跑出好公司吗？事实可能是现在赛道上的这些公司中，绝大多数都不会成为最终的胜出者。*

❖ *“做投资机可失，时可再来。”市场总是会不断提供机会，关键是你有没有这个能力抓住机会。*

宏观经济的驱动力量

张 琳：市场在过去 30 年发生了很大变化，尤其是这两年。有人总结现在的市场是“A 股机构化，理财新媒体化，资产泡沫化，基金饭圈化”等，市场到底发生了什么新变化？

王 庆：这两年资本市场的确有了很多新的变化。和 2015 年相比，从股票市场来看，很多投资人喜欢头部企业的股票、大市值的股票，而在 2015 年时，投资人喜欢的是小股票、新股票、有题材的股票；现在投资者决策的一个主要依据是对赛道、行业发展和基本面的研究，而在 2015 年时，大家关注的是并购、重组、注资这样的机会。

与此同时，当前市场出现一些所谓泡沫化现象，尽管我本人并不完全认同这个观点，但不可否认的是，当前有些被追捧的标的、被抱团的标的，它们的估值水平已经比较高了。现在的问题在于，这些比较贵的公司的确又是好公司，市场现在比较注重基本面，对估值容忍度比较高，这和 2015 年的情况也不一样。从这个意义上来讲，这些变化都是非常有意思的，也有其积极意义，我们的投资生态环境要比以前更良性、更好。

张　琳：面对这样的变化，大家会发现结构性的分化越来越明显，以往我们说“二八分化”，现在似乎变成了更为极致的“一九分化”，这是结构性牛市的特点之一吗？

王　庆：影响市场的因素是多方面的，既有宏观经济、货币政策的因素，也有自下而上行业个股的因素。这些因素都很重要，但是在市场发展的不同阶段一定有一个因素是占主要地位的。我们现在回头看，过去一年最重要的因素就是疫情发生之后各国的政策反应，这是最大的基本面，其他因素相对来说是次要的。

2020 年市场出现了非常明显的分化，这种分化有基本面的影响，也有极端事件的冲击，就是疫情以来的“大水漫灌”，资金面出现了流动性宽松。在这样一个背景下，你会发现市场投资人更憧憬诗和远方，也就是要看得更远，所谓赛道的概念就被广泛地使用。大家会比较关注一些龙头企业和龙头行业，而消费、医药以及一些代表科技发展方向的标的受到了市场的大力追捧。

2021 年这种情况会发生变化。和上一年相比，全球经济将逐步复苏，在这样一个环境下可能出现政策上的微妙变化，这会是 2021 年最大的变化。这种大环境的变化也会在股票市场的不同板块、不同行业、不同风格上折射或者映射出来。所以我们更倾向于认为，2021 年的股市有可能是一个结构性的行情，但会有不一样的表现特征。目前市场上的这种分化会不会出现均值回归，变得更均衡呢？这是当前我们做投资需要考虑的一个重大问题。

张 琳：您还有一个身份是宏观经济学家，研究宏观经济环境对投资而言到底有多大价值？

王 庆：我觉得很有价值，投资人必须了解宏观经济，否则就谈不上投资。大家通常说，自上而下、自下而上的分析要互相匹配、互相印证才能得出更好的投资策略、具体的投资操作，这是毫无疑问的。可能是因为宏观分析相对比较复杂，普通投资者认为宏观情况对个股投资用处并不大，也不太理解它的传导机制、传导关系，所以就容易忽视这些因素。我们在讨论市场上的一些投资机会的时候，很容易用自己熟悉的逻辑去分析某个企业、某个行业的发展空间，但是如果你稍微抬高一点视角看问题，就会发现它背后有更大的规律性，这个更大的规律背后又有更重要的驱动因素，这就是宏观因素。

举个例子，2020 年的宏观环境特点是经济不好，但是流动性比较宽松。这样的宏观环境有什么规律特征呢？就是具有防御特征，也就是说跟经济基本面关系不是很密切的行业板块的表现会很好，比如医药和必选消费。这样的环境也比较有利于成长股，成长股未来的现金流、未来的收入比现在要高，所以当你估值时，它未来现金流的折现价值会更高。每只表现好的股票当然都有自己的特点和逻辑，但是自上而下来看，无论是中国市场还是全球市场，在这样的环境下，这类股票通常表现都很好。

但是我们也注意到，从2020年8月份以来市场就开始震荡调整，风格也发生了变化，到2021年年初这种变化更明显了，甚至逐渐波及港股，这里面的原因从宏观视角又该怎么解释呢？原因在于中国经济逐渐摆脱疫情影响，开始加速复苏，经济从比较弱逐渐走强，同时流动性还是比较宽松。这种情况有利于顺周期板块，和经济基本面关系比较密切的行业和板块表现开始好了，比如交通运输、建材装修、金融板块、可选消费等，风格就这样开始切换了。

如果你不关注这些大的宏观因素的变化，有时候你对股票的走势就无法把握，所以一定要结合宏观基本面的分析，稳扎稳打，先把能赚的钱守住，进而再去扩大战果。

张　琳：所以宏观经济的走向对于未来的发展，尤其对于长期投资行为是非常有指导价值的，这应该是投资者必备的一课。

2021年宏观经济大趋势

张　琳：从宏观经济的角度来看，流动性是不是最大的变量？最近拜登政府提出1.9万亿美元的刺激计划，在流动性大概率

继续宽松的趋势下，市场又将如何发展？

王　庆：流动性宽松是 2020 年全球资本市场最重要的大背景，这一年，包括 A 股在内的其他主要市场都有非常强劲的表现，这个表现主要是估值扩张带来的。什么样的环境下股票市场上涨主要靠估值扩张驱动呢？就是在经济基本面恶化而流动性环境又比较宽松的环境下，实际上企业业绩本身并没有好到哪里去，甚至可能是停滞或恶化的。

2021 年不一样的地方是，驱动市场的主要因素除了估值扩张以外，更多是业绩驱动。宏观经济基本面以及上市公司业绩受疫情打击之后，接下来是一个调整复苏的过程，逐渐地恢复元气后，公司的业绩将开始提升，所以 2021 年的股票市场更多的是靠业绩驱动。这时候做投资，对公司业绩的分析、把握就显得尤为重要。有些股票有业绩支撑，它的估值就能维持，否则就会出现问题。

张　琳：通胀预期的强化是不是也是我们需要考虑的一个因素？

王　庆：在通胀环境下，坦率地说做股票市场投资、债券市场投资都缺乏机会。我理解大家为什么会担心通胀的问题，但是我觉得这个担心没有必要。并不是所有的价格上涨都叫通胀，有些价格从低水平回归正常化，这是“再通胀”，不叫通货膨胀；当前情况下的货币政策调整只是从原来的过度宽松向常态化回归，这是一个正常化的过程，也不能叫收紧。所以这样的环境对于权益投资、股票投资仍然是一个比较友好的环境。

当然这种环境变化对不同板块和行业的影响是不一样的，我们要基于这种环境的变化去捕捉相应的投资机会。有些行业和板块在经济活动不太活跃的时候表现得更好一点，有些则是在经济活动比较活跃，甚至价格水平整体上升的环境下表现得更好一点，比如银行、保险这些大金融板块，就是在通胀水平不是特别低，利率水平不太低的环境下，相对来讲反而会有表现。同时投资机会也不是一成不变的，不能简单地线性推导，去年上半年表现好的未来就一定表现好吗？肯定不是这样的，至少A股肯定不是这样的。把一些短期变化趋势化、永久化是我们投资者非常容易犯的错误，我们必须要因时而变。

张　琳：怎么在变化中寻找未来的机会？

王　庆：首先，就像我刚才说过的，2021年有很多不一样的变化，尤其是业绩驱动这一点。考虑到业绩驱动会是2021年的一个主要特点，那些和经济复苏相关的行业相对就会比较受益。我们可以关注受益于疫情得到控制之后的中国制造业，尤其是先进制造业的机会；还可以关注港股市场，港股的表现实际上一直不逊于A股，而且它的表现跟宏观经济向好带来的业绩驱动有很大的关系。

另一方面，与其参与那些相对高估值、比较拥挤的抱团龙头股，还不如静下心来看看那些市场关注度没那么高的，但实际上也是有成长性的标的。通过研究你会发现，一些中型公司每年也可以实现20%的业绩成长，有20倍、30倍的估值，从性价比来讲也是合理的。寻找这些和估值更匹配的标的可能是未来的机会所在。

A股市场有一个规律：追市场热点、做主题投资很热闹，但也很难挣到钱；基于基本面做一些严谨的分析，提前做一些偏逆向的布局，反而可以在获取好的收益的同时，又能比较有效地控制风险。所以，我给大家提这样的建议：把一些投资的关注点、聚焦点从那些网红基金、网红标的上转移一下。当你做这样一个转换以后，你会发现还是有很多精彩的投资机会的，而且还不用冒那么高的风险。

张　琳：重阳的投资风格在大家看来一直非常稳健，你们追求的是绝对收益，那么从你们的观察而言，接下来市场会有哪些风险点是大家要去谨慎对待的？

王　庆：在投资中，任何时候都要把风险考量放在第一位，尤其在一个成长的经济体中、在一个比较年轻的市场环境下，做好风险管控是很重要的。如果你进入市场的初心是不亏钱，最后的结果通常是赚钱的；如果你进入市场的初心是要赚大钱，最后的结果往往是亏钱的。

未来这个市场有没有大的风险？坦率地说，这是每个投资人都关心的问题，但实际上谁都没有把握做出准确判断，看不到的事情才是真正的风险。我们在实践中，一方面要分析潜在的风险因素，更重要的是我们在构建投资组合的时候要相对均衡配置，不能赌某一种风格、某一个行业。无论环境发生什么变化，这都是我们私募基金做绝对收益的一个正确的打开方式。

第二点，说到具体的风险点，我们认为2021年如果是一个结构性市场，那就一定是有的涨有的跌，看对了就是结构性牛市，看错了就是结构性熊市。2021 年会有均值回归，市场风格会变得更均衡，最大的风险就是 2020 年的结构性机会变成了 2021 年的结构性风险，这是我们需要提高警惕的地方。

即使你把我讲的各种各样不确定性因素都考虑到了，想要立于不败之地也是挺难的。投资是个专业的事儿，个人做投资是挺难的，就像在生活中大家理发还是要找理发师。完成工作后再去做投资，这是很有挑战性的。我呼吁大家，还是应该把专业的事情交给专业的机构去做，基于你对委托人的了解、对其风格的理解来选择适合自己的机构和产品，这可能是最好的规避风险的办法。

私募基金的不同之处

张　琳：公募基金现在销售极其火爆，不少私募基金也达到了百亿管理规模，在投资理念、投资风格、投资策略上，私募和公募会有哪些不同的价值取向？

王　庆：我觉得无论是公募基金还是私募基金，做得好的管理人都会给投资人创造价值，这个市场都是需要他们的。

具体来说，私募基金的收费结构、收费方式和公募基金是不一样的，不仅有管理费，还有业绩提成。一个合格的私募基金一定要提供不同于公募基金的特殊价值，这个价值是什么？就是绝对收益。简单地说，就是不管什么样的市场环境，不管涨跌，我都要帮客户赚钱，这就是我们讲的绝对收益。

从短期看，绝对收益意味着，要控制好波动和回撤，不能追涨杀跌；从中长期来看，要给客户带来足够可观的收益，要明显超过同行和公募基金的收益。在A股市场中只要能做到长期投资，我相信是能赚到钱的，因为中国经济在相对高速地发展，资本市场从长期看一定是反映经济基本面的。我觉得私募基金，至少是重阳投资所代表的这类私募基金，最终是能让投资人享受到中国经济长期发展带来的收益，能给投资人带来独特商业价值的。

张　琳：下面这个问题可能比较尖锐。2020年年初的时候，你说到A股上涨的主要原因是创业板涨了很多，但因为它并不符合你们的投资风格，所以不会重点布局。另外，你还提到对5G、半导体、特斯拉、新能源等公募基金经理一致看好的一些赛道或者风口，也有一些困惑。结果是我们看到2020年私募基金年度收益排行榜上，重阳投资的成绩单不太理想。我很想知道你现在会不会后悔去年做出的判断？基于你们的投资理念，这是不用在乎的短期波动，还是有可能成了令人遗憾的损失？

王　庆：对于我们来讲，实际上没有损失，我们给投资人带来了绝对收益，而且是增速超过两位数的绝对收益。

投资管理人有各种各样的风格，有各种各样的策略，都能给客户创造价值。我们做投资不在于短期的、一时的业绩表现，A股市场从来不缺短期业绩好的投资明星，但现实是投资业绩连续增长超过10年、年化复合收益率能达到15%～20%的基金和基金管理人寥寥无几。

作为一家有特色的私募基金，最重要的一点就是“知行合一”。只要业绩表现跟投资理念、投资风格相匹配，和大家的预期一致，投资管理人和投资者之间就能形成一种良性互信关系。在互信的基础上，保持充分的沟通和交流，大家才能一起走下去，而只有一起走下去，我们从长期投资取得的可观收益才能惠及投资人，这是最重要的。

我还要给大家讲两个概念，一个是基金的收益率，另一个是投资基金的投资者的收益率，这是两个不同的概念。别看有些基金收益率很高，甚至翻倍，但真正投资这些基金的投资人，他们的平均收益率可能会远远低于基金的收益率。为什么？因为基金有申购赎回，如果投资者是在基金净值高涨的时候买入的，实际收益率可能并不高。什么情况下两者会相匹配呢？基金的波动率控制得越低，两者就越匹配，表观的收益率和实际感受就越一致。大家一定要注意这点。

张　琳：我知道重阳更推崇确定性和价值投资的理念，你们怎么定义价值投资？

王　庆：买股票就是买背后的上市公司，如果我们能够以足够的安全边际、合理的估值买入优质的企业，那么我们获得的收益等于是在赚企业成长的钱。

广义的价值投资实际上就是坚持基本面投资，坚持长期投资。在实践中，我们的投资理念就是“三好”：好行业、好公司、好价格。大家往往聚焦于好行业或者好公司，对好价格不是很敏感，这实际上是一个误区。研究表明，初始买入一个公司时的估值水平，在很大程度上决定了未来中长期价值投资的收益率，所以我们要对好行业、好公司和好价格都做出专业的分析。即使你有八成的把握对这三个环节都能做出比较专业的分析，最终能选对一个好的价值投资标的的把握也只有五成左右，三个八成乘在一起就只有五成左右的概率了，这就是为什么说中长期能取得不错收益的投资人实际上很不容易。

大家可能会觉得15%～20%的收益率太不起眼了，现在60%～100%的收益率比比皆是。但试想一下，如果每年都能有15%～20%的收益率，6年下来就翻倍了，复合收益率是很高的。我还是要给大家提个醒，不要期望在股票市场上暴富，这种可能性很小。只有极个别的，极其有天赋的投资人才能在股票市场上积累超额财富，绝大多数人是做不到的。我们参与股票市场更多的是从中长期投资和资产配置的角度去考虑，而不是寻求暴利，凡是抱着这样的心态参与的结果往往不好，因为你会比较浮躁，会追涨杀跌，最后的结果就会成为所谓“韭菜”。

张　琳：从好价格的角度思考的话，好公司到底有没有天花板？

王　庆：我相信真正在中国大地上成长起来的好公司，目前是看不到天花板的。但判断一个公司是不是好公司很难，好的赛道上一定会跑出好公司吗？事实可能是现在赛道上的这些公司中，绝大多数都不会成为最终的胜出者，赛道太拥挤了。历史上我们也见到，很多行业里的很多所谓龙头并没有成为最后的胜利者，这里面充满了不确定性。所以我们做二级市场投资的时候要关注性价比，要关注估值，这样才会在不确定的环境下将风险尽量降低。坚持这样系统地做下去，才能够构建一个组合，最后的结果才有可能是一个获得绝对收益的稳健体验。

逆向投资，不追热点

张　琳：说到独特，我发现现在很多人都不喜欢配置银行股、券商股，感觉想象空间不够，还有人认为在经济弱平衡之下，金融股不会有好的表现，但重阳偏好的似乎一直都有大金融板块？

王　庆：大家不看好金融板块也无可厚非，主要是它们过去的表现不好，为什么呢？首先一个担心是，经济基本面不好，会引起银行信贷资产质量的下降，不良贷款的上升。第二个担心是利差缩小，无论是银行、保险，本质上是金融中介，提供金融服务，商业模式最核心的地方就是靠利差盈利。在流动性比较宽松、利率水平低，甚至零利率的情况下，银行没有利差空间，这就从根本上降低了这类金融机构的商业价值。第三个担心是政策环境，自从疫情发生之后，国家提出金融机构要给实体经济让利，这也是一个影响因素。

我们配置大金融标的，也有背后的逻辑。考虑到 2021 年的实际情况，大家担心的种种不利因素会逐渐缓解，甚至消除。第一，经济在迅速恢复，前期大家担心的资产质量的问题会缓解很多；第二，我们的利率水平、流动性环境正在逐步正常化，有利于银行、保险发挥其最基本的、最朴素的商业功能；第三，随着疫情逐渐被控制住，政策上的压力也会逐渐缓解。

我们做投资不仅要分析前景，也要分析风险，分析总体的性价比。如果一个投资标的上行空间和下行风险不对称的话，在我们看来就是一个好的投资标的。目前银行和保险的估值很低，市盈率很低，更重要的是市净率也很低——只有 0.5 倍，个别的 0.3 倍——我觉得这类标的的投资逻辑和机会还是比较清晰的。从另外一种投资思路来看，这个行业的空间足够宽阔，赛道很好，有“长长的坡”“厚厚的雪”，那就可以给投资人创造价值。

张　琳：你们会追当下的热点板块吗？

王　庆：我们要创造绝对收益，在做任何分析时就要对收益和风险的性价比做一个综合比对。现在一些高高在上的抱团股票，你说它有没有上涨空间？当然有。空间大不大？可能很大。但在这样的估值水平下，你说它下跌的空间有没有？有。空间大不大？可能很大。也就是说这类标的的上行空间和下行空间比较对称，上行风险和下行风险也比较对称，这样看来它就不是一个高性价比的投资标的。我们喜欢的是下行空间有限，下行概率小于上行概率，上行空间大于下行空间的标的，这才是一个好的投资标的，而不在于它当前是不是市场的热门。

了解重阳投资的朋友都知道，重阳有一个特点，就是比较偏逆向投资。简单地说，就是我们不追热点、不随大流、很少做主题投资。如果人人都在讲白酒，那它一定是热点，毫无疑问当前它是抱团的，那么这类标的我们是不会参与的。这也是我们的投资人对我们的期许，知行合一就是要保持稳定的投资风格，只有这样，你的历史业绩才有参考价值。

张 琳：现在的市场，不追热点的话，该怎么进行投资选择？

王 庆：我们做投资，一定要看长、做长，当然也可以看长、做短，但一定都要基于长期基本面的逻辑分析。我们认为，未来一年，新兴行业和传统行业都有机会。先来说新兴行业的机会，要找真正的成长型标的，就是那些估值和业绩相匹配的标的。在经历了 2020 年风格的分化之后，市场已经有点标签化了，特别是有些行业板块被标签化了。有好标签的就给了高估值，但有些标签可能是错的，这时候就要去甄别。从逆向投资的一贯思路出发，我们应该去关注一些不是市场热点的、中型的、有成长性的公司，这里面包括先进制造业、电子行业以及教育行业。一些中等规模的公司，能够可持续发展，在可预见的未来能有 20%～30% 的业绩成长，但估值相对合理，在我们看来是很有投资价值的。

再来看传统行业，通常也是顺周期的行业。2020 年这些行业估值很低，不受待见，就是因为大家对基本面没有信心。但随着基本面的改善，这些行业的业绩会随着周期性的改善而改善，加上估值又偏低，就又有均值回归的诉求，这类标的性价比很高，也很典型。尽管它们的成长性和新兴行业没法比，但是做股票投资从来都是性价比的比较投资；如果它的成长性反映到估值上，收益空间就大，比如我们刚才说的金融板块，甚至包括一些个别的房地产龙头公司。

再补充一点，港股的投资机会现在逐渐成为市场共识。港股市场对中国经济基本面和上市公司业绩基本面更敏感，如果你相信 2021 年是一个业绩驱动的行情，那么根据历史经验，港股的表现是不逊于 A 股的，而且目前港股相对 A 股仍然有很大的折价空间，需要大家关注。

张　琳：重阳投资的确是布局港股比较早的，对于港股市场的具体投资标的，有什么么样的建议？

王　庆：我觉得布局港股要沿着两条思路去做。一个是相对偏传统行业的“旧经济”，受益于全球经济和中国经济的复苏，受益于当前估值水平低的状态，我们可以布局它的基本面的改善，布局它的估值的修复。银行股就是一类，还有一类是高股息率的标的。港股上有一些公司，过去这一年没怎么涨，估值很低，但实际上收入状况不错，现金流很好，股息率很高，有大个位数甚至两位数的股息率。在全球流动性宽松、利率水平这么低的情况下，能够获得这样股息率的股票是稀缺的，性价比很高，值得长期投资。如果布局这类标的，保守一点估计，即使股价不涨，拿股息也够了，而且它的下行空间有限，上行空间是打开的。

另外一个思路是偏现代的“新经济”。港股的整个市场结构这几年也在发生变化，除了原来的腾讯，现在又有了其他互联网巨头，包括美团、阿里、小米等。随着这些中概股的回归，港股市场标的变得更加丰富了，提供的一些机会也是 A 股市场目前无法提供的，所以需要重视。

其实还有一个变化，之前并不是所有人都喜欢港股，对港股配置的比重还不够高，而现在有些基金正在通过一些增量的变化、边际的变化最终实现对港股的布局。我相信，一个均衡的状态是，机构布局港股的市值和布局 A 股的市值比例相当，这才是合理的。

做投资机可失，时可再来

张　琳：从经济学家到基金管理人，从研究到实战，管理这么大规模的基金，你有什么压力？又有什么感受和经验？

王　庆：我们做出的任何分析结果和投资决策都要随时面对市场的考验，接受市场的验证，这个压力一直都在。尤其是股票市场投资充满了风险，我们是在跟风险和不确定性打交道。对于投资，可能大家关注得更多的是投资的结果，也就是哪个股票挣钱了，这个基金收益率是多少，但是这背后更多的是一种对风险的管理。

总结一下我做投资的经验：只有做好风险管理，提高投资组合的性价比，才能算是一个合格的投资管理人，才能给我们的投资人带来真正意义上的好的投资体验，帮助投资人保值增值。

张　琳：迄今为止你们投资最成功的案例是哪一个？

王　庆：重阳投资的成功案例比较多，但我们很少说我们在某个股票上或某个标的上特别成功。这其实反映了我们的投资理念，也就是价值投资接力法。每个投资管理人都希望能够一战成名，能投一个十倍股，但真的要做到这点非常难，靠实力，更靠运气。那么在实践中如何获取十倍股的效果呢？打个比方，如果我能够连续发现三只优质股票，每只赚一倍，复合起来就会实现八倍的收益。通过这种价值投资接力法系统地去做，难度会明显降下来。在实践中，我们就是坚守了价值投资理念，坚守了价值投资接力法，通过复合收益取得了投资业绩和市场口碑。所以我们有很多小的成功案例，但没有一个震惊世界的投资案例，因为那不是我们的风格。

张　琳：那有没有失败的呢？

王　庆：失败的很多，每个投资管理人能够活下来的话，一定是在不断总结失败教训的基础上才能够走到今天的，所以辛酸泪一大把。但是失败不可怕，最重要的是从每次失败中找到失败的原因，以后少犯错误。实际上对于成功的投资人来说，与其说他的选择有多成功，踩中了多少牛股，不如说他少犯了多少错误，我觉得少犯错误比抓住牛股更重要。

张　琳：怎么样才能做到少犯错误呢？

王　庆：犯错误会有很多原因。有些是因为你分析不到位，有些可能就是做了误判，有些可能是公司造假没有发现，说到底还是有些工作没做到位，需要我们反思。俗话说“机不可失，时不再来”，但我们的董事长裘国根说过一句很著名的话：“做投资机可失，时可再来。”市场总是充满了机会，充满了诱惑，你错过了这个机会，永远会有下一个机会，市场总是会不断提供机会，关键是你有没有这个能力抓住机会。与其捶胸顿足后悔失去了机会，不如静下心捕捉未来可能出现的机会。我们一定要摆正心态，用心做好自己的研究，永远向前看，抓住下一个机会，规避下一个风险。

主持人手记

从国际货币基金组织的经济学家到世界著名投资银行的大中华区负责人，从顶级投资银行主管再到国内最大的阳光私募基金合伙人，王庆博士可以说是海归精英报效祖国的典型代表，融汇中西，投研结合，显然让他有着更加多元化的投资视角和理念。站在某一个时点，你可能会觉得他的观点有些枯燥，有些老旧，甚至有些不合时宜，但是当文字沉淀下来之后，你细品才会发现其中的滋味儿，而当被验证的那一刻到来的时候，你会更加深刻地感受到独立思考的魅力。投资不是一锤子买卖，投资也不是心血来潮，区别于其他，“做投资机可失，时可再来”。面对市场不断出现的机会，今天，你做好“长跑”的准备了吗？

PART

5 洞察极致分化下的机会与风险

张　琳 vs 清和泉资本董事长　刘青山

刘青山

清和泉资本董事长

清和泉资本创始人兼董事长、中国基金业协会私募证券投资基金专业委员会委员、中国人民大学教育基金会首届投委会成员。

刘青山获中国人民大学历史学学士、管理学硕士学位，拥有 24 年投资研究经验。作为中国基金行业第一批从业人员、中国基金行业发展的见证人，他曾参与筹建华夏基金和湘财合丰基金（泰达宏利基金前身），历任泰达宏利基金公司基金经理、投资总监、副总经理、总经理。任职公募基金期间，他凭借长期优异的投资业绩多次获得“晨星基金经理奖”、“金牛基金经理奖”和政府颁发的“突出贡献人才奖”，连续两次荣登福布斯十大基金经理榜单，是公募基金 20 多年来全行业仅有的几位“金牛基金十周年特别奖”获得者之一。他管理的公募、私募产品，近 20 年的复合年化回报率达 20%，囊括了晨星奖、金牛奖、英华奖在内的 50 余个行业重磅奖项。

❖ A 股和海外市场的联动性越来越强，理念越来越趋同，投资越来越理性，同时机构化特征越来越明显，全球市场已经连在一起了。

❖ 我们研究发现，展望未来 5～10 年，很多海外市场发生过的事情会在中国重演。

❖ 只要判断市场不是熊市，只要拿着的是优质核心资产、优质赛道里的优质公司，我们相信时间会证明一切。

❖ 通常我们所面临的市场，在 80%～90% 的时间概率里，好的股票一定是偏贵的，只有在熊市的时候，好的东西才会便宜。

❖ 哪些产业有希望，哪些产业有政策扶持，哪些产业的成长性在不断提高，那它们就可能是未来 10 年的长期赛道。

❖ 长期持续走牛的行业或者赛道，一定是顺应时代发展需求，有很强的产业背景或很强的市场供求关系作为支撑的。

❖ 我们不会为了逆向而逆向，要“顺势逆取”。

❖ 过了一个拐点之后，传统行业、周期性行业长期来看，基本上是下跌的，尽管期间有反复。在沙漠中找一朵花太难了，没有必要把精力放到这上面。

❖ 投资的本质就是对风险进行定价，然后考虑怎样在有一定风险

的情况下，尽量获取高收益。

❖ *一定要有明确的选股标准，基于它所处的长期好赛道，基于它拥有的良好竞争格局，基于它自己的护城河和成长性等因素做判断，绝不能因为估值便宜买股票。*

❖ *当你发现一个公司的股票分红远远超过银行利息或者超过债券收益率的时候，特别是在一个低利率的环境下，它的安全性就会慢慢体现出来，风险也慢慢变得可控了。*

不要在意短期波动

张　琳：之前看了很多媒体对您的采访，有一点我印象深刻，是关于您选择进入这个行业的原因，您的回答特别直截了当：要生存，要赚钱。做投资 20 多年了，今天还是为了赚钱吗？

刘青山：当时我感觉赚钱很重要，自己先要吃饱饭，还要娶媳妇、买房子，这是最简单、朴素的想法。从这种朴素的想法出发，我觉得缺什么就要跟什么打交道，缺钱就应该跟与钱有关的行业打交道，我就这样进入了金融行业。跟钱打交道 20 多年，自己创业五六年后，在资本市场摸爬滚打，我现在对钱的认识和刚毕业时的差别还是很大的。现在我只想着怎样把公司做得更好，怎样为我们的基金持有人带来更好的回报，怎样让我们的员工能够过上更好的生活。在这个过程中我也养成了一种习惯，就是什么事情都会和投资挂一起。比如说，会考虑这个东西值不值，这件事情值不值，这个时间值不值，这个想法值不值。也可以说这是一种职业习惯，追求短期与长期、经济与社会之间的一个高性价比。

张　琳：从做投研到现在的基金经理，从公募到私募，您的投资逻辑和投资风格有没有发生变化？

刘青山：我从业 20 多年以来，中国证券市场在不断地成熟发展。大家可以看到，这几年资本市场上核心资产与非核心资产的价格和估值有很明显的差距。从本质上来讲，这是市场进步的表现，会让那些能给社会创造收益的企业获得更多投资者的追捧，获得更好的社会资源，进而提高社会生产效率。我们自己也在与时俱进，刚开始做投研的时候，觉得研究基本面就对了，后来担任公募基金经理，到市场上引进外资，再后来我自己做私募，我对市场、企业的观察和思考的深度会发生变化。

张　琳：您是学历史出身的，也经历了 A 股大部分的发展历程，结合您这些年的投资经历和 A 股的发展史，您会怎么看当下的市场？

刘青山：随着中国经济不断对外开放、不断国际化，资本市场越来越成熟，投资者的结构越来越合理，投资理念也越来越成熟。我记得 20 世纪 90 年代的时候，君安证券（后来和国泰证券合并为国泰君安证券）当时就提出了“研究创造价值”的理念；1998 年第一批基金公司成立以后，作为纯粹的买方，它们高举“价值投资”的大旗；后来国内证券市场实行 QFII（合格境外机构投资者）制度，现在开办港股通、深港通业务，越来越与国际接轨。A股过去相对封闭，很多投资方法、投资理论跟国际市场的差别非常大。现在我们能够很明显地感觉到，A股和海外市场的联动性越来越强，理念越来越趋同，投资越来越理性，同时机构化特征越来越明显，全球市场已经连在一起了。

张　琳：怎么看A股在这样的成长过程中的周期性变化？有人认为我们现在正在经历第三轮牛市，您同意这样的判断吗？

刘青山：如果以10年为维度来看，我觉得这个判断站得住脚。如果把各大类资产放在一起观察的话，过去10多年是房地产的牛市，未来可能是权益市场的牛市。经过了10多年的发展以后，国家针对房地产市场陆续出台了一系列和"房住不炒"要求相配套的相关政策，加上人口结构老龄化、城镇化过程趋缓，房地产的牛市高点已经过去了。居民的财富配置将由以房地产为主转变为以权益类资产为主，这也是海外成熟市场发展的历程。

我们研究发现，展望未来5～10年，很多海外市场发生过的事情会在中国重演。比如美国在20世纪90年代的时候，机构投资者的比例从30%提高到了60%。而我们的机构投资者比例，在过去几年，从20%提高到了30%。我们相信，未来5～10年，中国机构投资者的比例能达到50%～60%，机构化的趋势还会带来很多投资理念的变化，只要把握这个趋势，投资者未来的机会还是挺大的。

张　琳：但是最近这几天（1月下旬）市场的表现可能给大家

泼了一盆冷水。我们知道做投资要注重长期趋势判断，但短期波动该怎么应对呢？

刘青山：从我自己的经验来看，时间越短越难把握，时间越长反而越容易看清楚趋势。一般情况下，我不愿意在短期波动上花太多的工夫，一定要分析的话，有三重因素导致了这两天市场的剧烈波动。一是受美国股市的影响；二是央行货币政策 1 月份以来一直在慢慢边际收紧；三是前期市场火热，很多股票，特别是抱团股短期涨幅过大。

春节临近，我们相信 2 月份的流动性相比 1 月份会宽松一点；优质资产经过调整后，又会有吸引力；此外，过去一两个月发行的公募基金募集了几千亿资金，这对于很多优质股票，都是一个机会。所以只要你配置的是好资产，我还是建议投资者不要太在意市场短期的波动。

张　琳：还是要保持定力。2015 年市场在沪指 5000 多点的时候出现暴跌，您当时刚刚“奔私”，最终还是做到了全面正收益。这个收益和风险之间的平衡是怎么把握的？最近很多投资者可能就是在高点上入手的，他们是不是也可以转危为安？

刘青山：其实在那之前我已经经历过 2004 年、2005 年沪指跌到 1000 点以下，还有 2008 年沪指从 6000 点跌到 1600 点。我体会最深的是，首先要对市场进行定调，这非常关键。如果是熊市，倾巢之下无完卵，没有不跌的，只是时间先后问题，这个时候不要太着急。从过去几年的经验来看，熊市必须同时具备两个条件：第一是股票很贵，有泡沫；第二是流动性急剧紧缩。我们看现在的市场，关于流动性有个明确定位——不急转弯，就是说资金面不会出现趋势性的大幅度紧缩。我们同意市场有一些结构性泡沫，或者说结构性高估，但是如果流动性“不急转弯”的话，我们面临的市场就不是熊市，这也意味着好的资产即使暂时跌下来长期来看也一定会再涨上去。

所以只要判断市场不是熊市，只要拿着的是优质核心资产、优质赛道里的优质公司，我们相信时间会证明一切。

好股票如何合理估值

张　琳：您之前说过，成功的婚姻只需要做两件事情——找一个好人，自己做一个好人。套用在投资上，就是用一个合理的价格买入一个好股票。现在好股票是不是已经太贵了？

刘青山：我在跟一些同行交流的时候经常谈及一个观点：通常我们所面临的市场，在80%～90%的时间概率里，好的股票一定是偏贵的，只有在熊市的时候，好的东西才会便宜。你是愿意以一个低估的价格买一个很平庸的公司，还是愿意以一个高估的价格买一个持续增长的优秀公司呢？从我的经验来看，我选择后者。

我们要做时间的朋友，要做长期正确的事情，只有这样才能提高投资的确定性，控制风险，最终得到高回报。韩国最大的公司三星、中国台湾地区最大的公司台积电，现在百分之八九十的投资者都是海外机构，为什么？就是因为他们当时觉得贵了就卖了，结果过了5年、10年以后，才发现再也找不到更好的公司了，再也找不到更高收益率和性价比的股票了。这些公司长期来看都是收益率很高的品种，但是本土投资者却丧失了投资机会，我们应该从中吸取一些教训。

张 琳：对于一个优秀的公司，投资者该怎么进行合理的估值？

刘青山：好公司的估值是由几个方面决定的。从财务学上来讲，一个公司的 PB① 定价首先是由分子端的 ROE（净资产收益率）决定的，也是由分子端的成长性、速度决定的，另一个方面又由分母端的利率 R 决定。这就告诉我们，一个企业的 ROE 越高，而其他因素不变的话，它的估值一定是越贵的；如果这个公司的成长性越高，成长持续的时间越长，它也是越贵的；如果分母端的利率越低，估值肯定也是越贵的。

过去这么多年，我们的大环境利率一直在往下走，这样整体的估值就上来了。对于这些高 ROE 的优秀的公司，它的 ROE 不断提升，自然估值也就上来了。然后在存量经济时代，它的成长性和持续性对应的又是稀缺性，这种稀缺性使得公司的估值慢慢就会被抬上去。

这和我们过去十年所面临的环境是不一样的。过去中国经济处在高速发展的阶段，我们面临的是增量经济环境，这个环境下，大家都用 PE（市盈率）或者 PEG② 进行估值。现在中国经济进入

---

① PB，即 price-to-book ratio，P/B ratio，是股票每股价格与每股净资产的比值，PB 计算公式： PB=（ROE-g）/（R-g）=1+（ROE-R）/（R-g）。

② PEG=PE/G，PE 即市盈率，G 代表每股盈利的未来增长率预估值。如果每股盈利未来增长率预估不出太大差错，那么 PEG 值越低，股价遭低估的可能性越大，这一点与市盈率类似。

了一个中低速的发展阶段，进入存量经济时代，慢慢地市场会对增长的稀缺性和持续性、企业的发展质量、ROE 的高低等因素非常关注，大家更愿意用 DCF 模型[①] 进行估值，这就和利率水平直接相关了。假设一个公司持续保持 20% 的增长，PEG 按照 2 倍计算，市场可能给到 30 倍、40 倍的估值；但是，如果用 DCF 估值的话，在目前的利率环境下，就可以给到 60 倍的估值。这就是过去几年市场给这些优秀公司的估值一直往上涨的原因。

张　琳：但是即便贵得合理，是不是也应该有一个度？比如机构抱团热炒的这些股票，它们的价格会不会已经远远背离公司未来的成长性了？

刘青山：是否偏贵取决于个人的判断，取决于你对所持有公司的基本面的认识。举一个很简单的例子，茅台从每股 200 元涨到 500 元的时候，当时大家觉得有点贵了，结果过了一年涨到了 1000 元，大家又觉得挺贵的，结果现在涨到 2000 多元。现在大家也还是觉得贵，但也许三五年后再回过头来看，会发现此刻的价格并不贵。

有的时候就是需要用时间换空间，正所谓“找到最好的公司，做时间的朋友”，关键还是取决于你手上拿的标的到底值不值得你长期持有。

张　琳：如果我们和美国市场做一个对比的话，美国的优秀公

---

① 即现金流量贴现法，就是把企业未来特定期间内的预期现金流量还原为当前现值。

司市盈率似乎很正常，比如辉瑞只有 23 倍，而对应 A 股市场，比如恒瑞医药高达 95 倍，这合理吗？

刘青山：美国的这些公司目前都处在成熟期，中国很多公司还处在发展期。而且美国很多公司在它们高速发展的时候，估值也很贵。这个现象也告诉我们，无论你是专业的还是非专业的，无论你是有经验的还是没有经验的，面对这样一个复杂的证券市场，每个人都要谦卑、敬畏。

张　琳：判断一个好的企业，判断一个好的投资标的，您的标准是什么？

刘青山：如果从定性角度来讲，一是市场空间要足够大。池子越大，鱼才能养得越大。如果池子小，怎么能养出大鱼呢？行业的空间足够大，才能培养出伟大的公司，才能保证赛道足够长。拿消费这个赛道来看，其中餐饮业最大，产值 1.2 万亿；白酒排名第二，产值 6000 亿；调味品 4000 亿；乳业 3000 亿。找到好的行业之后，还要看竞争格局。为什么我们很难找到赚钱的餐饮公司，就是因为竞争格局太分散了，夫妻俩就可以办一个公司。但为餐饮提供标准化服务的公司就很容易挣钱，竞争格局很明确，老大、老二、老三都很稳定，就不会有搅局者。

二是看这家公司的老板是好人还是坏人，坏人的公司我们坚决不碰。给大家一个标准——看它历史上的投资项目变动情况，如果一家公司在相关项目收益不明确、需要承担风险的时候，就把小股东和其他投资者拉进来，在项目成熟了开始收益的时候，又把小股东和其他投资者踢掉，这种公司的老板肯定是坏人。如果一个好项目不是以上市公司的名义参与，而是以上市公司老板个人的名义参与，这个公司的老板是否值得信赖就要打一个问号。有了这个标准，就可以筛选出好公司。

从定量的角度来讲，好的竞争格局里面，我们一定找 ROE 高的公司。ROE 越高代表生意模式越好，越容易挣钱，越不容易被别人超越。如果公司的 ROE 不符合标准，就淘汰掉，高科技创新公司可以放宽一点，因为它们的研发投入会影响当期利润，但也会增厚未来的利润。

逆向投资的“顺势逆取”

张　琳：基于我们刚才聊的内容，大家已经逐步了解你的投资理念和风格了。按照这样的理念和风格，你目前最看好的产业和赛道有哪些？

刘青山：在寻找好赛道的时候，我很愿意研究一些历史规律，我会关注目前中国的资本市场和宏观经济发展到了一个什么样的历史阶段，特别是要对比一些发达国家的证券市场发展历程。总体来讲，目前中国证券市场所处的环境跟美国 20 世纪 90 年代非常像，很重要的一个特点就是机构化特征非常明显。当时美国的机构投资者占比从 30% 提高到 60%，而过去 5 年，中国机构投资者的占比从 23% 提高到 30%，未来还会上升。

此外，我们所面临的投资环境也很相似。第一，美国储蓄贷款危机发生以后，美国国会出台了相关法案，禁止一些稳健的资产管理机构投资高收益债、垃圾债，所以刚兑被打破了。第二，美国当时在产业上重点扶持高科技，研发投入在国民收入中的占比从 2.2% 提高到 2.8%，互联网和高科技创新行业进入了发展快车道。第三，为了扶持金融业发展，美国进行了金融自由化改革，金融企业不断完善经营模式后，ROE 也不断提升。第四，美国 401K 计划[①]让养老金作为长线资金入市，也促进了美国 20 世纪 90 年代一个长期牛市的形成。我们所熟知的投资大师巴菲特，99% 的财富都是在 20 世纪 80 年代以后累积起来的。特别是 20 世纪 90 年代，美国有两个行业维持了 10 年的牛市，一是高科技行业，二是金融行业。回过头来看当下的市场，我们可以得到一个启示——哪些产业有希望，哪些产业有政策扶持，哪些产业的成长性在不断提高，那它们就可能是未来 10 年的长期赛道。

张　琳：我们再说得具体一些呢？

刘青山：长期持续走牛的行业或者赛道，一定是有很强的产业背景或很强的市场供求关系作为支撑的。

第一个是新能源。这个领域有政策扶持，需求很大，供给侧结构也很稳定。从长期来看，根本不用怀疑，不管期间怎么波动，仍是一个好赛道。比如我们在 2019 年第四季度就提出来对新能源汽车的动力电池的积极看法，尽管市场中间有波动，但我们不是根据股价判断的，而是根据产业周期、海外环境、供给侧和需求的变化做出的长期基本判断。这是一种定性判断，只要不

① 401K 计划也称为 401K 条款，是指美国 1978 年《国内税收法》第 401 条 K 项的规定。

是熊市，短期的波动我们不是很在乎。

第二个是消费。中国有14亿人口，中产阶级有4亿人，没有任何一个国家仅中产阶级就有4亿人，这在全球就是最大的市场。而且我们每年的国民收入和人均支出还处在上升阶段，随着时间的推移，这些中高收入群体的基数还会不断扩大。面对这么大的中高收入群体，一定会不断涌现出很多优秀的消费品牌，或者说很大市值的消费品公司。消费可以分为老消费和新消费两个层面。老消费就是大家讲的吃药、喝酒等，这类消费格局很稳定，需求还在持续增长，基本面本质没有变化，所以，这些赛道仍然值得长期关注。新消费里面，我们要关注“90后”“00后”的年轻人，关注他们的消费行为、消费习惯带来的机会。“90后”“00后”在消费上是和国际接轨的一代人，他们的国际视野、消费能力、自主意识与全球同步，会催生出很多新的消费公司。最近这一年，像医美、电子烟、潮玩等公司的发展速度让人难以想象，两三年时间市值就变成了一两千亿，甚至3000亿。

第三个是互联网经济。我们已经有了百度、阿里、腾讯，几年之后又出现了京东、拼多多，动不动上万亿的市值，这是在全球任何一个市场都不可能出现的一种发展状况。这是由中国的“雁形”梯队发展结构决定的，是中国的特色，也是中国的魅力，值得我们重点关注。

张　琳：新能源、消费的确是大家一致看好的，但是私募机构常常强调的是逆向思维，所以你们会不会寻找一些还没有被挖掘到的估值洼地，或者说暂时不太拥挤的赛道？

刘青山：我们不会为了逆向而逆向，要“顺势逆取”。顺势就是要顺应历史潮流。过去 20 多年中，每只翻 10 倍的股票所在的行业分布都跟时代的发展脉搏紧密相连，正所谓“时势造英雄”，上市公司也是这样。逆取是什么？就是逆向选择，在别人不看好的时候买入。举个例子，一家著名动力电池企业曾遇到其客户发生电池爆炸事件，市场马上作出反应，其股价从 200 元跌到了 160 元。这时候我们就要思考这家公司的竞争优势、竞争地位会不会因为这一次爆炸而发生根本性的变化，如果不会，就是一个机会，这个时候就要逆着市场情绪买它。同样，茅台股价从 200 元涨到 2000 元的过程中也发生了很多事，比如媒体质疑、政策监管，以及地方政府干预等因素都导致过股价下跌，但这些并没有改变企业的竞争优势，对于长期投资来讲，这时就可以逆取。

再以新能源举例，新能源里面除了新能源汽车、清洁能源，储能也是一个很好的赛道。因为新能源的瓶颈问题是储能，而且未来的市场规模比汽车电池大好几倍，这两年可能是它大发展的元年，但是市场的关注度较低，而我们看到了它的潜力。

还有，对于传统行业、周期性行业，从中长期来看，我们认为它们没有未来。在中国慢慢进入服务型社会的过程中，现在的长周期板块只有反弹，没有趋势，所以跌得再多，我们也不关注。研究美国 20 世纪过去五六十年的历史，你会发现过了一个拐点之后，传统行业、周期性行业长期来看，尽管期间有反复，但基本上是下跌的。在沙漠中找一朵花太难了，没有必要把精力放到这上面。

张　琳：方向比努力更重要。

刘青山：就是这个意思。

如何寻找安全边际

张　琳：投资要做到收益和风险相匹配，您怎么看目前市场可能面临的风险？

刘青山：投资的本质就是对风险进行定价，然后考虑怎样在有一定风险的情况下，尽量获取高收益。我们会明显感觉到，2021 年以来，市场波动在加大，暴涨、暴跌现象说明了什么？说明短期市场情绪比较急躁、焦虑。我们已经分析过，流动性不会急转弯，只会边际缓慢收紧，所以不会出现熊市，这意味着跌下来的好公司一定会涨上去，这时候不要追涨杀跌。

有一个让人惊讶的数据是，目前日本、美国、欧洲市场市值排在后 50% 的公司股票，它们的交易占比都不到 5%，有的只有 2%，香港只有 1%。A 股市场过去 5 年市值排在后 50% 的公司股票成交占比也已经从 33% 下降到了 19%。从趋势上来看，市值排在后 50% 的公司股票交易占比未来一定越来越小，可能再过 5 年或者 10 年，这个占比可能也就 5% 左右。这意味着未来小市值公司的估值折价更明显，我们不能因为便宜就去买它，一定要有明确的选股标准，基于它所处的长期好赛道，基于它拥有的良好竞争格局，基于它自己的护城河和成长性等因素做判断，绝不能因为估值便宜买股票。

张　琳：怎么样寻找安全边际？

刘青山：这个问题问得好。在熊市的时候，覆巢之下无完卵，其实是没有安全边际可言的。所以投资前的第一件事情就是问自己——我们面临的是不是熊市？这个问题搞清楚之后，才能决定后面的操作。

非熊市的市场安全边际怎么看？这也要区分不同的市场。在A股市场上，就不能完全去看PE是不是低的，你要看它的利润是不是真实的，利润真实的话会不会给投资者分红。只有真正通过分红分到你头上的利润，才是比较踏实的。当你发现一个公司的股票分红远远超过银行利息或者超过债券收益率的时候，特别是在一个低利率的环境下，它的安全性就会慢慢体现出来，风险也变得可控了。

从长时间的维度来看，很多高成长性公司可能在非熊市的市场上从来没有便宜过，那就要用一个“中局”的概念去看，就是要看5年以后，它的市场有多大，公司有多少收入，利润率是多少，分红率是多少，估值是多少，等等，这样就大概可以算出公司的安全边际在哪儿。

我们和客户交流中，一再强调要有长线投资的思路。2015年我们第一次发产品就踩到了5000点的最高位，5年之后，在经历了3轮股灾，经历了2018年金融去杠杆，经历了中美贸易战，经历了2020年百年不遇的疫情之后，我们的年化回报率也能做到20%左右。这就证明了只要时间够长，收益率的确定性就会越高。我们对所有客户的持有期限做过统计分析，发现持有时间超过一年半，其盈利的确定性就高达90%以上，而且持有的时间越长，其盈利的确定性越高，且年化回报率越高。

张　琳：从寻找安全边际的角度来说，卖股票的时机怎么选也

很重要吧?

刘青山: 市场上有一句俗语——会买的是徒弟，会卖的是师傅。在我的职业生涯中，在任职公募期间，我前后曾经接待过40位以上投资经验超过30年的外资老牌基金经理人，他们在对公司进行尽职调查的时候，每一个人都会问我一个问题：“你们卖股票的标准是什么？”我后来认真思考这个问题的时候，吓出了一身冷汗，因为这个答案某种程度上决定了所调查公司的股权到底可以卖多少钱，答得不好公司估值可能就打折了，答得好价格可能就翻倍了。

如果你的回答是达到目标价，或者说估值达到什么程度就去卖，你的投资能力可能就是初中级水平。好的答案应该是在非熊市背景下，从长周期来看，这家公司的基本面或者竞争格局发生了根本性的变化后，或者你找到了比它更优秀的标的后，才选择卖出，这里面不含价格因素，只看企业基本面的经营状态。用这样的标准衡量，就可以避免在韩国或者中国台湾地区发生的事情，不会把超级优秀的公司提早卖丢了。

活下来最重要

张　琳：如何挖掘未来的超额收益?

刘青山: 从做组合的角度来讲，在对头部企业或者一些伟大的公司做配置的同时，可以花点工夫找一些中型公司，一个能够从几百亿市值变成几千亿市值的标的。这类公司有几个特点：一是它们所处的赛道足够长；二是这个赛道可能还处于早期的起步阶段；三是它们所处的竞争环境已经有了一个基本格局，但可能还无法确定行业一二三的位置，这种情况下，你要做的事情就是三个一把投下去，既然赛道很好，一定会有一个公司走出来。

张　琳：大金融板块和科技板块，你们会重点配置吗？

刘青山：中国的金融行业，特别是银行业，目前面临一个比较大的挑战，就是利率不断地往下走。银行的商业模式是吃利差，利率往下走，怎么吃利差？从这个角度来讲，银行不管有多便宜，我们还是看不到它的转机。只有在利率往上走的趋势中，才能够看到银行的机会。券商的竞争格局不太好，大家相互在杀价，长期也看不到未来。

科技赛道上，我认为中国的硬件还处在摸索和学习阶段，虽然我们投入了很多人力、物力，但仍面临着很多不确定性。相应的股票也表现得上蹿下跳，没有稳定的收益预期。本质上来说，大家对于中国的科技能力到底在全球处于什么样的位置，还处在一个观察阶段。比如半导体，就有很多不确定性，我们对半导体的看法是“不见兔子不撒鹰”，直到看到不断有优秀企业走出来的时候再下手也不迟。相对来说，硬件格局的确定性不如互联网应用领域的确定性明确，所以我们更愿意在互联网应用这一端加大投资。

张　琳：从美股的经验看，高科技公司可是牛市的主赛道啊！

刘青山：我们当年投了一个技术型的公司，叫莱宝高科，它是给苹果做供应链的，这只股票几年时间涨了10倍，后来我们发现它遇到很多困难迈不过去，最终技术上失败了，跌起来也很快。技术型的公司变化太快了，容易被颠覆，投入成本也很大。所以至今我们对于纯粹技术型的公司，投资的时候都心有余悸。

张　琳：在您的投资生涯当中，有没有一些后悔的决定？

刘青山：没有后悔，成功和失败都是前进的动力。最近有个热播的电视剧《跨过鸭绿江》，你会看到中国军队和美军打的时候，很多方面处在弱势，后来我们不断摸索战争规律，找到对方的弱点，发挥自己的长处，一仗一仗慢慢打，最终就赢了。做投资就和打仗一样，市场也是有规律的，要不断地通过失败和成功找到它，认识它，总结它。当你和市场规律一致的时候，就成功了，这是一个循序渐进的过程。

张　琳：做投资有没有一些铁律？

刘青山：做投资分两种，第一种是用自己的钱，还有一种是用别人的钱。自己的钱可以去死磕，最后亏了就亏了；如果是别人的钱，就一定要有止损的概念，一定要有知错就改的认知。我们有一条要求——任何一只股票下跌导致基金净值亏损超过一定比例，就要先减一部分仓位。减仓之后，看看是不是之前看错了，是不是市场发生了你没有看到的变化，研究一下到底是市场错了还是你错了，再采取下一步行动。管别人的钱，是没有资格死磕的，即使事后证明你是对的，游戏可能已经结束了，客户已经让你出局了，所以一定要让自己活下来，这个很重要。

张　琳：作为资深从业者，您对普通投资者有什么样的建议？

刘青山：第一，一定要有长期投资的理念。第二，不要有投机心态，不要抱着半年、一年就要赚一倍、两倍、三倍的心态，否则市场会给你足够深刻的教训。活下来才是硬道理！

主持人手记

刘青山绝对是中国基金业的元老级人物，从业20多年来，他有了完整的“投—研—管”的光鲜履历，也成了能够穿越牛熊，“我自岿然不动”的典范人物。让人印象最深刻的是2015年他刚刚选择“奔私”，就遭遇了沪指从5000点高位一泻而下的市场走势，但不可思议之处在于，他竟然在当年就实现了全面正收益。我猜想除了经验之外，勤奋是最重要的一点。直到今天，做调研，做路演，看报告，观市场，勤反思，刘青山每天的日程都安排得满满的。还有一点也很重要，就是学历史出身的他，会时刻提醒自己“以史为鉴”。在大的时代下、大的周期中，纵横捭阖的大视角，也许会引领我们走得更远。大浪淘沙过后，一批行业先驱者仍“老骥伏枥，志在千里”，今天，你进步了吗？

PART 6

探寻投资的本质

姚振山 vs 天马资产董事长　康晓阳

康晓阳

天马资产董事长

天马资产管理有限公司董事长兼投资总监、今日投资数据科技有限公司创始人。曾任君安证券公司董事副总裁兼投资总监，具有 15 年海外对冲基金及 30 年国内证券投资及资产管理经验与骄人业绩，是中国证券市场最早的价值投资代表。

康晓阳 2002 年创立了今日投资，建立了中国首个上市公司盈利预测与投资评级数据库，今日投资还是率先从事量化投资与研究的机构之一。在取得了连续 10 年 26% 左右的年化回报率之后，康晓阳于 2015 年开始主动关闭并清盘了旗下的多只基金，并从海外聘请了多名机器学习专家专注于人工智能投资模式的研究和开发。经过 5 年多的不断自我否定与探索，加上近 3 年的实盘交易测试，今日投资于 2020 年 9 月完全实现了“人 + 机器”的全自动化资产管理模式，是中国资本市场第一个将人工智能技术应用于投资并采用“人 + 机器”投资模式的私募机构。

❖ *我不太看重一个公司短期的财务指标，我看重的是这个公司的商业模式能不能颠覆原来的行业。*

❖ *投资的本质是分享成功企业的业绩增长，而不是看股价波动。*

❖ *买股票首先要买对，其次是决定买多少，最主要的是，要想好什么情况下你会卖，卖才是核心。*

❖ *赚钱很简单，把企业研究明白就可以了。*

❖ *投资就是这样，在哪个地方尝到甜头了，就会在哪个地方重复，所谓守株待兔。做交易很成功的人不可能做长期投资，做长期投资很成功的人不可能做好交易。*

❖ *选股若考虑基本面，就不要考虑股价，如果这两个都考虑，最后你也不知道自己是在选基本面还是在选股价。*

❖ *投资最难的是说服自己，要投一百万、一千万，还是一个亿，但最后一定要说服自己，找一个什么理由说服自己，这是核心。*

❖ *索罗斯说过，市场上有一万个人，看对了的有一千人，做对了的有一百人，但赚钱的只有一个人。*

投资颠覆性商业模式

姚振山：我一直在观察你的投资经历，你个人的投资非常成功，投资腾讯获得了400多倍的收益，投资特斯拉获得了近40倍的收益，取得这么高的投资收益率，这些公司到底是怎么选出来的，而且还能拿这么长时间？在你眼里，投资的本质，特别是长期投资的本质到底是怎么回事？

康晓阳：这个问题很大。很多朋友都问我，“为什么能拿这么长时间？”腾讯我是在它IPO的时候买入的，那个时候腾讯不是热门，IPO时都没有多少人申购。那时我研究了一下腾讯，下载试用了下QQ，发现里面人山人海，很热闹。印象最深的就是，每个QQ号的形象就是一个虚拟人物，代表你自己，这个人物形象是没穿衣服的，需要花2个虚拟的Q币买衣服，有各式各样的服装供大家选择。我想，这么多人买的话这家公司肯定是赚钱的，因为它没有成本，完全是虚拟世界。所以我当时的判断就是，股票能涨多少不知道，但这家公司应该不会赔钱。

姚振山：你为什么能拿这么长时间呢？你说这个公司不会赔钱，所以你买入了，这很好理解，但是你拿了这么长时间，究竟是为什么？一般人是不会有这个定力的。

康晓阳：我比较喜欢看一个公司的商业模式，尤其是那种颠覆性的商业模式。我们当时的通讯方式还是固定电话，后来才是手机，但是 QQ 一出来，人的交互方式发生了改变，可以不用手机了，只要上网就可以实现信息交互了。而且沟通的时候可以一个人同时对多个人，所以它颠覆了传统的通讯模式及人与人的交互模式。我当时只看一个指标——客户的增长数，看财务指标什么的没有必要。所以做一项投资，要明白到底应该看什么，我并不是看到了腾讯能涨 400 倍，我要是能看到腾讯会涨 400 倍，我会把所有的钱都投进去。当时我唯一看对的是，这是一种成功的商业模式。我不太看重一个公司短期的财务指标，我看重的是这个公司的商业模式能不能颠覆原来的行业。这是第一个主要指标，即一个公司的商业模式是不是有颠覆性，腾讯显然是有的。

第二是看它有没有竞争对手，如果它是行业领先的，那它就没有竞争对手。其实只要把这个大方向看明白了，其他的都是次要的。

姚振山：所以，你又看到了特斯拉，它的商业模式也是颠覆性的吗？

康晓阳：对，一样的。当时很多人把特斯拉当成是一个电动车企业，但我不这么看。特斯拉为什么是颠覆性的？我们先来看传统行业的优势是什么，不管是宝马、奔驰，还是丰田，它们都围绕着一个核心，就是发动机。奔驰、宝马把发动机的性能做到了最优，丰田把发动机的性价比做到了最优，所以这几家公司都是成功的。但是特斯拉出现后，它根本不用发动机，什么意思？它直接跳过了传统的竞争优势者的核心，这就是颠覆。而且特斯拉给人最大的感受就是，它改变了我们对车的认知。以前我们认为车只是一个交通工具，但在互联网时代，你去买一辆特斯拉试了以后就会发现，特斯拉不是一辆车，它是一台移动智能设备。

姚振山：但是特斯拉在发展过程中，也有负面信息缠身甚至濒临破产的时候，那个时候你为什么没有考虑止赢或者止损，为什么你会选择坚持？这一点可能很多人都做不到。

康晓阳：说特斯拉要破产的只是个别人的评论，因为特斯拉和媒体关系不好，和竞争对手关系不好，也没有经销商，跟二级市场分析师关系也不好。马斯克跟常人的思维模式不一样，说特斯拉要破产的人，都违背了基本常识。特斯拉的产品供不应求，别的公司生产不出来，一个产品供不应求的企业是不会破产的。这是第一点。

第二点，当时有人说它的现金流有问题，其实这也是一种误解。特斯拉的现金流一直是正的，即使在它最困难的时候也是正的。因为特斯拉有一笔收入来源于租赁销售，按道理，买这辆车是银行掏钱付给特斯拉，只是特斯拉的用户分期付款给银行。虽然对特斯拉的财务来说，这个交易并没有全部完成，但理论上是可以这么做的。这个现金流记的是融资收入，是融资产生的现金流，没有记到经营性现金流上，但其实它是可以记到经营性现金流上的，因为这也是经营活动产生的，财务可以这样做，也可以那样做。说特斯拉的现金流有问题，是因为没有仔细看记账方式，所以产生了误解。很多人还说特斯拉讲大话，特斯拉的研发没有资本化，特斯拉做假账。只要认真去研究，就会发现这些都是谣言。所以投资这件事，尤其是长期投资，一定要学会独立思考，不要看别人的观点，更不要看股价。

姚振山：刚才你在谈腾讯的时候说，腾讯的财务报表你就看过一次，你看重的是它的商业模式有没有颠覆性，但你对特斯拉的报表、财务却看得很细，为什么不看腾讯的财务报表，却要看特斯拉的呢？

康晓阳：因为买进腾讯后，它的股价一直在涨，而特斯拉麻烦不断，所有人都在质疑特斯拉，包括证监会都对它作出了处罚，社会上甚至还谣传老板抽大麻，全是负面消息。这个时候我们就要去研究一下，而腾讯的财务报表一看就是健康的，也就不用再看了，但很多人都说特斯拉会破产，所以必须要论证它会不会破产。

投资的本质

姚振山：投资的本质是什么？你刚才买到的公司，我们很多人也买过，特斯拉、腾讯很多人都买过，但是拿不住。这就是一个问题，拿多久不知道，买多少不知道，什么时候买也不知道，所以投资到底是一个什么行为？特别是长期投资？

康晓阳：投资的本质是分享成功企业的业绩增长，而不是看股价波动。我说的是长期投资的本质，做交易、波段是另外一回事。当你选中了一家好企业的时候，比如你选中了一家具有颠覆性商业模式的企业的时候，接下来你要问自己一个问题：我愿意对这家企业、这个标的投入多少资金？然后问第二个问题：我能接受的最坏的结果是什么？我有可能赚到多少？当你把这些核心问题想明白了再投资，就不会有太多困惑了。决策已经做完了，接下来就要论证这件事情，不要想着投资股票肯定会涨，唯一会增长的、能够确定的就是业绩的增长。股价受很多因素的影响，有涨有跌，证监会发一个文，美联储出一个货币政策，股市都会跌，金融危机来了，股市也会跌，但这些跟企业业绩增长没有任何关系。影响股价的要素很复杂，但影响企业业绩和商业经营的要素并不多。比如买特斯拉，你愿意为这项投资冒多少风险？假设当时你能想到特斯拉具有颠覆性，那它的市场份额就一定要比现有的东西高。当时的情况下一定要拿它跟丰田比，因为丰田当时的市场份额是最高的，如果特斯拉最终成功了，它的市值会不会超越丰田？丰田当时是 1800 亿美元的市值，特斯拉只有一两百亿，差不多有十倍的空间——当然现在已不止十倍的空间了，这是第一步。既然当时有十倍空间的机会，就要想好对于一个十倍的机会应该投入多少，而最坏的结果是零，即特斯拉破产了，但我不认为特斯拉会破产，我认为最坏的情况是特斯拉被别人收购了。买特斯拉股票的过程中，我最紧张的一次是马斯克想私有化，我当时想一定要投反对票，为什么？因为四百块股价的股票私有化了，我就没有机会了，十倍空间就实现不了了。一个公司在产品供不应求的情况下能发生的最坏的结果就是被别人收购，而不可能破产。底线思维想好了，后面怎么折腾都不怕，所以我不看股价投资。看股价投资不是研究基本面，是研究股价，因为影响股价要素的不只是基本面，还有很多别的因素，只看股价是舍本逐末，这不是长期投资的方法。

姚振山：你买腾讯也好，买特斯拉也好，确实都在挖掘颠覆性的技术或公司。但是在一定时期，颠覆性的公司不止腾讯，美国股市上也不止特斯拉，你在一片森林中挑中它们两个，说明选择好公司的标准除了颠覆性的商业模式之外，你一定还有另外的决策依据或者逻辑？

康晓阳：当然也有很多公司我们没有选，要么是我自己看不懂，要么是它们没有说服我。我买腾讯也好，买特斯拉也好，是说服了自己的。我当时买腾讯的股票的时候有点懵，考虑得没有那么成熟，我只看了一个指标，就是我当时注册 QQ 号的时候，发现有很多人都在使用 QQ。所以我一定要等我身边的人的 QQ 被微信替代了以后，看到这种趋势的时候，才会考虑放弃使用它。腾讯的用户数增长还没有结束，但基本上到峰值了，不可能再大幅度增长了。

姚振山：你去年跟我讲过，你稍微减持了一些腾讯。

康晓阳：2017 年的时候，我把腾讯的股票全卖了，因为我认为它的用户增长数到头了，但它的盈利没有到头，综合来看，我认为它的估值会下降。不过现在看来，它的估值并没有下降。我当时的想法就是，腾讯最多还有一倍的空间的时候，我就把它卖掉，然后拿 10% 买特斯拉，如果特斯拉能涨十倍，我获得的收益就跟继续持有腾讯是一样的。但如果特斯拉没了，就相当于腾讯的股票跌了 10%，这也是可以接受的，因为腾讯的股价波动 10% 是很正常的。你只需要拿 10% 的钱买特斯拉，跟继续持有腾讯的预期收益是一样的，那剩下的 90% 的钱就可以做其他投资了，从机会成本的角度考虑，我买特斯拉的股票是比较划算的。

姚振山：对普通投资者或者中小投资者来说，他们是寄希望于通过股市实现财务自由，或者规模化增加财产性收入。这样的话他们在心态上肯定会稍微急躁一些，或者说更希望短期的收益率高一些，这个问题该怎么解决？

康晓阳：管自己的钱和管投资者的钱是不一样的，专业投资人要讲风险管理，要讲收益率预期，要讲客户满意度，而个人投资你只要对你自己负责就行了。我建议想要靠股市发财的人，不要投那么多股票，因为投太多股票的话都投对的概率太低了。假如说做一笔投资有 80% 的成功率，那做 10 只的成功概率就是 80% 的 10 次方。全世界最成功的投资者都是靠一只股票，我们为什么投这么多？逻辑是什么？也有很多人担心，万一我投错了怎么办？投错了也是算好了，本来没有钱，投 100 万干吗买 10 只股票？亏 50 万还是 100 万？最坏的是不赚钱，失去的只是机会成本。底线思维是，我愿意为成功的机会冒多大风险，有多少钱，想赚多少钱才会让自己比较满意。不要想着只要买了，就对自己有交代了，这是不对的，因为投资不是为了给自己交代。比如人家可以成为世界首富，实现了财务自由，你为了跟他一起实现，愿意赌多少，放多少筹码，从而让自己也实现财务自由，就是这么一个简单的道理。错了就要认，错了以后就会获得教训，吸取教训以后再争取提高，就是有价值的，否则东搞一下，西搞一下，是没有用的。

投资的核心：买多少

姚振山：华尔街有一个故事，讲一个人在一只股票上赚了 100 倍，但他只买了 100 股，最后他郁闷到跳楼自杀了。这个故事告诉我们，当我们已经决定了买哪个公司的时候，买多少就变成了很重要的问题，因为买少了的话，可能浪费了机会。

康晓阳：买多少是投资的核心问题，因为每股收益乘上你的持仓数才是你的收益。所以核心是量，不是比例。我计算的不是收益率，我计算的是财富增长的总量。

姚振山：确定投什么之后，影响买多少的是哪些因素？

康晓阳：看你对股价的预期有多高，最核心的决定因素是投入多少钱你能承受它的全部亏损，你认为的最坏的结果是什么，这是底线思维，就算钱没有了我也可以接受。我买特斯拉的时候，想要做得更好一点就应该拿卖腾讯的 30% 买特斯拉，特斯拉我只投了 10%，因为我认为不会赚到一百倍，我当时认为它最多只有 20 倍的空间。现在我的认知随着事情的进展发生了改变，但我仍然认为特斯拉并不拥有无穷的机会，因为马斯克这个人也很冒险，他的思维模式跟我们不一样，而且他搞的东西比较多，这是我比较担心的，万一这个人出了什么问题，特斯拉也可能会出现问题。

姚振山：所以你最后选择只买 10% 的特斯拉。买什么、买多少我们谈完了，还有一个问题是何时买。

康晓阳：何时买不是那么重要，如果是未来能获得 20 倍收益的股票，你在它 3.5 元时买还是 4.5 元时买不是那么重要。首先要买对，其次是决定买多少，最主要的是，要想好什么情况下你会卖，卖才是核心。特斯拉什么时候卖，我开始买的时候做了三个假设，第一我认为它的市值会超过丰田。如果市值超过丰田，基本这个风险就没有了，这是第一步。那么什么时候卖呢？两种情况，我当时说，如果特斯拉的市值到了 5000 亿元，那就要再评估一次，我最后的评估结果是不卖，现在特斯拉不止 5000 亿元了。第二个条件是，特斯拉现在是领先者，如果竞争格局发生了变化，出现了新的领先者，也要重新评估。这两个条件没有发生之前，都不要考虑卖的问题。第一个阶段过了，证明我是对的，未来如果仍没有达到卖出的条件的话，就不要考虑卖的事情。所以说，卖比买要重要一百倍。

姚振山：因为容易卖错。

康晓阳：不是。比如说我跟一个朋友聊天，说我们投资就是为了每年都挣钱，这个话其实是不对的。如果每年都要挣钱，今年我可能会把特斯拉卖了，因为特斯拉去年涨了 8 倍，相较于其股价最低点涨了 10 倍，所以它今年跌 30%～50% 也是很正常的，如果为了赚钱，那么今年肯定要把它卖了。因此，今年要赚钱这个逻辑不适合长期投资，如果这样去考虑，我肯定会在今年把特斯拉卖了，因为它今年跌的概率比涨的概率大。今年，我判断它最多涨 20%，因为去年涨得太多了。今年银行一涨，指数一涨，美国疫情一过，原来受损的东西都会涨，我认为指数可能会涨 30%。如果我把特斯拉卖了，可能就要去买指数了，要买指数里的权重股，但这显然不是长期投资的逻辑，长期投资的逻辑是，卖不卖要根据这个公司的基本面去判断。

独立思考能力

姚振山：所以我们不要去研究股价，我们要看某一个领域。你是因为关注特斯拉，于是就把特斯拉研究透彻，再来看应该什么时候卖吗？

康晓阳：不是研究股价赚不了钱，研究股价是另外一种模式，这跟长期投资的模式不是一回事，你的优势到底是研究股价还是研究基本面，自己要明确。

姚振山：你当年在君安证券管投资的时候，就管了 100 亿的资金，那个时候你是交易型选手，还是价值投资者？或者你一直就是研究公司和研究商业模式的？你有没有经历一个转变的过程？

康晓阳：君安的钱是哪来的？100亿元不是别人给我们的，是我们赚来的。它的模式是什么？我可以这么说，在中国证券市场第一个开始研究基本面的就是君安证券。那个时候我们便提出了“丢开屏幕，走向企业”，在此之前，我们买股票全是看K线图、听政策。突然有一天我们明白了，原来买股票应该看公司，如果你知道它的业绩肯定会增长，为什么不买？当时我们发现，股价是会跟着市场波动的，市场大跌，个股也会跟着跌。赚钱很简单，把企业研究明白就可以了。刚开始我不看商业模式，主要看业绩，后来到国外学习以后，慢慢地更喜欢看商业模式。

姚振山：为什么有这个转变？

康晓阳：因为业绩是波动的，一年的业绩增长没有用，无法判断是不是可持续的，只有把商业模式看明白了，心中才会更淡定。投资就是这样，在哪个地方尝到甜头了，就会在哪个地方重复，所谓守株待兔。做交易很成功的人不可能做长期投资，做长期投资很成功的人不可能做好交易。

姚振山：首先判断好自己属于哪种类型的选手。

康晓阳：对，在某个类型的方向上不断地积累、总结。我当时有很多成功的投资案例，也赚了很多钱，最后我发现，10年过去了，20年过去了，有一些好公司还在，而有些所谓好公司已经不行了，这是为什么呢？我们一定要弄明白这个问题，不能说我是长期投资者，在某家公司不行了之前就把它卖掉就算不上长期投资。所以我就分析，分析以后发现一家公司最核心的还是商业模式。

姚振山：你现在看 A 股市场看得多吗？

康晓阳：我几乎没有看。我原来在君安做自营和资产管理，其实都是老板给的钱，或者是公司的钱，不需要跟客户交代。2006 年我开始出来做私募和对冲基金，也就是做一种传统组合的管理，我做了 10 年才发现，我不是很擅长这种事情。那 10 年，我的年化回报率很不错，大概是 26%，但是我感觉压力越来越大，为什么？因为你做资产管理、私募基金或者对冲基金时，你要对客户负责，要提高客户满意度，但是客户的预期跟你的预期是不一致的，所以你在管理他们的预期的时候，你会发现很困难。客户想的更多的是怎么能够在短期内挣到钱，怎么做到今年不赔钱，怎么跑赢指数，他们把更多的心思花在这上面，所以最后我发现，我已经不是在投资了。我开始还可以挣到钱，但是后来我发现自己挣钱的能力在慢慢地衰退。我觉得这样下去不行，这样下去，我的头发会掉光，我必须自我革命。怎么自我革命？我当时的第一个想法就是培养交易员，我选好股票，让交易员去做具体的事。这样做了两三年以后，我发现还是有问题，直到后来出现了机器人交易，再后来人工智能出来了，我觉得终于找到了一个好帮手。

姚振山：我问一个比较细的问题，你刚才谈到了，虽然你用机器，但是在选股环节，你依然在用人，那么人选股票的标准，能不能给大家讲一下？

康晓阳：其实人在选股票的时候，在做长期投资的时候，要考虑两点：第一是未来的空间，第二是最坏的结果。按照这个标准去选，空间要很大，风险要很小，其实也选不了几个标的，这是很难的。机器去选的时候，其实第一个条件可以放窄，有空间就行，我不是太关心这个，只要向下的空间小就可以。人选股还是要看商业模式，就是即使出现最坏的结果也不会影响你继续持有它，即使它跌了你也敢买，20 年以后这个公司还会存在。

姚振山：就是有底线。

康晓阳：对，就是有底线，选来选去其实都是一些大白马。但是不是看股价的表现去选，像很多人跟我讲的宁德时代，如果看股价是一定会买的。电动车、新能源汽车是未来的方向，宁德时代又是做电池的，且占有最大的市场份额，从这个角度考虑，那肯定要买，这是风口的标的。但是你去研究它的基本面的时候，看它的财务报表的时候，禁不住会问“既然这个公司这么好，为什么它的财务报表是这样的？”

姚振山：财务报表有什么问题？

康晓阳：我看财务报表发现，它就是一个不怎么赚钱的公司。你说它未来会赚钱，我不知道，那是你说的。我从它的经营业绩中没有找到证明，而且它还是一个重资产企业，对我来说，就算它的业务量做得很大，也是一种不赚钱的模式。这是我的观点，至少我的基本面选股没有选中它，它的股价涨得再高跟我也没有关系。所以选股若考虑基本面，就不要考虑股价，如果这两个都考虑，最后你也不知道自己是在选基本面还是在选股价。

姚振山：看公司时分析其基本面，然后给机构、个人推荐股票，研究员不都是这样的逻辑吗？

康晓阳：这是他们的逻辑，不是我的逻辑，当然我的逻辑不一定对。投资最难的是说服自己，要投一百万、一千万，还是一个亿，但最后一定要说服自己，找一个什么理由说服自己，这是核心。宁德时代、比亚迪说服不了我，它们的财务报表说服不了我。

姚振山：比亚迪的财务报表你怎么看？

康晓阳：它没有说服我，我不是说我对，因为这个世界上 99% 的机会跟你一点关系都没有。弱水三千只取一瓢，我只关心我这一瓢有没有毒，我关心别的干吗？投资不要做自己能力之外的事情，比亚迪、宁德时代已经超出了我的认知范围。为什么他们做出来的东西财务报表没有表现出来呢？比亚迪再好，宁德时代再好，但是它们的财务报表在我看来没有表现出来。

姚振山：这个可能是见仁见智的问题，有些人觉得宁德时代的业绩增速很好，比亚迪的电动车卖得这么好，又有动力电池板块，又有 IGBT①，汽车功率芯片，这是非常优秀的公司。

康晓阳：可以这么认为，但是说服不了我。

---

① 即 Insulated Gate Bipolar Transistor，绝缘栅双极型晶体管，是由 BJT（双极型三极管）和 MOS（绝缘栅型场效应管）组成的复合全控型电压驱动式功率半导体器件。

姚振山：那么，财务报表中什么最重要？

康晓阳：经营性现金流最重要，经营性现金流是公司财务健康不健康的最主要的标志，虽然它不影响股价。很多人在乎利润表，但我几乎不看利润表，其实你们应该多看现金流量表、资产负债表，尤其是资产负债表，信息量最大。

姚振山：这些财务报表主要看什么？

康晓阳：如果你想到了一个很好的商业模式，即使你不看财务报表，你对这个商业模式的财务报表也会有一个印象。你会说这个公司发展了这么多年，盈利这么好，什么东西都很好，那么肯定现金很多，负债很少，肯定应收账款、存货各方面都很好，看完以后，你一定会在脑袋当中形成一个财务报表的印象。我曾经考验过我的交易员的财务分析能力，我给了他一张报表，并把那家公司的名字抹掉，看他能不能猜出这家公司是哪个行业的哪家公司。如果他能八九不离十地猜出来，说明他具有财务分析能力，如果猜不出来，说明他几乎没有财务分析能力。

姚振山：这个要求太高了吧？

康晓阳：财务分析比打扑克简单多了，打拖拉机、德州扑克要更复杂一些。财务是什么？资产负债表是什么？资产负债表是历年所有经营结果的资产构成，这是一个总表，所有历史的东西都会反映到这张表里。利润只是当年一年的结果，是没有用的，某一年的情况是可好可坏的。现金流量表是什么，更多的是真实性的盈利。利润表则有很多作假成分，是没有用的，因为有些成本费用可以资本化。现金流量表是实实在在收到的现金，作假很难。假设你签了20亿合同，却没有现金流入，就说明这20亿不真实。当年东方电子就是这样，它的利润表很好，但现金流量表却很差，没有现金流量。

姚振山：这么多年的投资经历，我看大家对你的评价是，第一是拥有很强的独立操作能力，第二是个性化，第三是你对自己有清晰的认知，你知道哪些是你的能力长板，哪些是短板。这么多年的投资经历，有没有失败的教训，或者让你印象特别深刻的？

康晓阳：有啊，因为我做投资不是以每年的收益为目标的，我的基金曾经也买了腾讯，但是很早就抛掉了。我抛掉的时候，交易员还挺高兴。为什么？因为抛了以后腾讯就跌了。特斯拉在我的组合里本来也有，但后来也卖掉了。我认为这种资产管理模式，对我来说，是一个舍本逐末的东西。

姚振山：你在管自己的钱的时候能做到知行合一，但是管客户的钱时，因为方方面面的事情会分心？

康晓阳：是的，管客户的钱时没有办法做到。比如特斯拉，全世界都说它要破产，摩根士丹利说它只值8元，它一个月跌了25%，这时你还拿着10%仓位的特斯拉，而其他的股票涨了8%乃至20%，你要怎么跟投资者解释？为什么投特斯拉？人家都说要破产了，万一真的破产怎么办？风险怎么管理呢？我没有办法交代。但我自己的钱，我投资的时候已经有交代了，即便它是零，我也可以接受。

姚振山：我在想，我们这些个人投资者做投资的时候，是不是可以把投资分为两类：一类对长期投资的本质有一个清晰的认识，构建这样一个投资逻辑，找具有颠覆性的商业模式的公司，长期拿住；另一类是把一部分钱交给专业的机构投资者。把自己的投资分为两类，这对于个人投资者来说是不是比较现实？

康晓阳：不一定成立，具有长期投资能力的人不需要做后面这件事情；没有长期投资能力的人，更不要做这件事情。如果你只是追求财务自由，最好的办法就是长期投资，但是这个能力要求你想明白核心问题。

姚振山：对于自己熟悉的行业，认真地研究一下，在里面找到相关的公司，可能就具备了长期投资的这种能力。

康晓阳：我本科学的是电子信息，很多人问我这方面的股票，我当年跟他们说特斯拉，我说这个公司很容易分析，你们用自己的专业知识，买颠覆性的龙头公司就行。我的一个同学买了，买了以后就跌了，他就开始怀疑，所以股票刚一回本就卖了。后来我们都看到了，特斯拉涨了 20 倍。我的同学就是没有想明白核心问题，所以他拿不住。长期投资没有想明白核心问题是拿不住的，一波动就拿不住。

姚振山：给我们的投资者总结一下你的几个投资原则。

康晓阳：要弄清楚投资的目的是什么，我是为了挣钱还是为了证明自己？索罗斯说过，市场上有一万个人，看对了的有一千人，做对了的有一百人，但赚钱的只有一个人。我的投资逻辑就是，你要明白自己要做哪一种人，不要做那一千个人，也不要做那一百个人，而要做那一个人。做那一个人时，思考问题的方式跟做那一百个人时思考问题的方式是不一样的。我看到了投资机会，就要想怎么让自己的财富有增长，目的就是让财富增长，如果我看到的机会跟财富增长没有关系，只是随便买一下，感觉自己在做投资，那有什么意义呢？我们前边讲过一只股票赚了 100 倍，但最后投资者跳楼了的故事。因为上帝是公平的，给你的机会不会太多。巴菲特都说过，一个人一生只有 12 个机会，所以一定要抓住给到自己的每一个机会，不要管什么原则，核心的问题是不要轻易放过任何一个机会，因为你的机会是有限的。对机会的论证，每个人的方法都不一样，并不是说我的方法就是对的。即使我可能在这个方面比较有优势，但不是每个人都有这样的特点、这样的优势。我的朋友比我做得还好，收益率比我还高，他就是做短线交易的。每个人的能力、性格、特点不一样，一定要找到适合自己的。

还要想好，你为什么进入这个市场，目的是什么，不是为了证明自己，而是为了实现盈利目标。接下来再考虑一个问题，你是什么类型的投资者，市场上有各种类型的投资者，我只是其中一类，并不是我说的东西都是对的，我说的东西有可能适合你，也可能不适合你，大部分可能不适合你，但是对你会有一定的启发作用。

要想明白核心问题，你挣的是什么钱，为什么能挣到这个钱，你付出了什么，有没有独立思考。你刚才讲得很对，要赚的钱一定是独立思考得来的。我建议投资者思考一个问题：为什么这个市场上大部分人是赔钱的，为什么很多投资者说，我一买就跌，我一卖就涨，这是为什么？你们想明白这个问题了吗？

你买股票的时候问自己一句，我现在想买这只股票，现在都有什么人想买这只股票？我把这个市场分成两类人，一类是 10% 的聪明人，一类是 90% 的大众，你现在告诉我，你属于哪一类，你属于 10% 还是 90% ？如果你属于那 90%，基本上你的决策都是错的，不管是选标的还是买卖时机。为什么你一买它就跌呢？因为你在想，一只股票 90% 的人都买进去了，我也要跟。那在我看来，你是 90% 当中的一个，90% 的人都买，那它一定会跌。你一卖，为什么就涨呢？ 90% 的人都卖掉了，能不涨吗？错不在你，错在你是 90% 当中的一员。

你要想明白这个问题——什么人在买，你一定要想明白这个事情。当然每个人的方法都不一样，如果得出的结论跟多数人一致，基本上是亏钱的。

姚振山：所以进入股市或者进入资本市场，要么把自己变成一个专业选手，要么交给专业选手去管钱。

康晓阳：要么把自己变成 10% 的人，要么找那 10% 的人帮你管钱，没有第三个法则。如果你是那 90% 中的人，那你肯定输。

资产管理模式的颠覆

姚振山：为什么要用人工智能？机器的脑子能比你的脑子好使吗？

康晓阳： 不是这样的，长期投资对自己的投资比较合适，这是第一点。第二，机会是可遇不可求的，我不知道未来 5 年、10 年还能不能找到这样的机会。我首先要解决的是当我找不到的时候怎么办。因为你知道，货币政策就是这样的，美国政府拼命地在印钱，所以持有现金肯定亏钱。

现金不是投资的一个选项，不过在 20 世纪 90 年代，或者说 2010 年以前，现金仍是一个投资选项，那时如果找不到标的就可以不投资。但是现在如果找不到标的，持有现金肯定会亏损，这是我的结论。因此，我们必须找到一种方法，让自己获取一些平均收益，但是我自己没有办法完成这件事情，所以我要么请别人管，要么制造机器来管。我造机器一方面是解决自己的问题，把自己解放出来，不要为了赚取平均收益，花费太多时间。现在机会越来越少，所以不能等，现金必须要投出去，但是我自己没法完成这件事情，雇人我也不放心，干脆让机器来做这个事情。我们现在实行“人 + 机器”模式，股票还是人来选，人在选择股票的时候，不考虑估值因素，要求不是那么高，只看这家公司的生意本身会不会有大的衰退，会不会出问题。把股票选出来以后，怎么买、怎么卖我是不管的，一切由机器来择时，以及应对市场并进行风控。做这个事情的目的是什么？获取平均收益，甚至获取比平均收益还要高的收益。我们测试的结果实际上是不错的，比我自己折腾好很多。

姚振山：你造机器人来选股票，其实是你刚才说的“人+机器”的方式，也就是将择时和风控交给机器人，选股交给人。用机器选股票，设置股票池，它的选股标准是什么？

康晓阳： 纯机器选股目前还做不到，还需要人把关，因为看财务数据没有用，这里还是需要发挥人的经验。我造机器人还有一个原因，人就是这样，总是想获得更多人的认同，想尝试着帮更多的人管钱，帮不会理财的人管钱。我有这么多的投资经验，我就想把我的经验和能力以某种方式输出。

姚振山：相当于把你的投资逻辑固化和模型化。

康晓阳： 是的，这让我有幸福感，我不会因为市场波动或者投资结果不好，给自己太大压力。我把所有的精力用来应对市场，选择好的标的，就是把人和机器的作用发挥到极致。未来的资产管理模式可能会发生变化，不光要分析别的行业的商业模式，我们自己所在行业的商业模式也要想明白。人工智能出现以后，我们未来的商业模式也会被颠覆，我现在做的事情后面也会被别人颠覆，所以我采取的方法是自己把自己颠覆了。

姚振山：因为你知道未来你可能会被颠覆。

康晓阳： 对，所以我早做打算。有了起点以后，我使用最优秀的人工智能来帮助人。在“人+机器”的模式中，人的智慧参与其中。

选股是很重要的方面。让机器做什么其实是由人指定的，不是说机器是全才，不是让机器挣钱就行了，而是要把机器当成处在训练中的人。我们训练出一个什么样的机器出来，它就能做什么样的任务。比如针对羽毛球比赛，我不是要做1个机器人打败所有人，我是要做4个机器人，一个接前场球，一个接后场球，一个扣球，一个救球。有了这样的组合，无论对方打什么样的球我都能应对，所以我不需要去预测你会打什么球。让机器人做什么，比如接前场球，这是人指定的，机器的分工是人指定的。我们用机器学习，更多的是用强化学习的方式。打分机制是什么，这是由人定的。没有投资经验的人肯定会说收益率越高越好，其实不是的。我们通常讲风险收益比，又讲夏普比率，我们比较看重风险收益比，看重风险收益比是不是最有效的，你的得分机制应当跟风险收益比相关，这样长期训练就会训练出你想要的东西，这是第三个人参与的方面。举一个围棋的例子。围棋机器人不需要让你赢对手100子，也不需要赢20步，只要赢半步就可以了。投资也是一样的，不是说赚1%就是最高分，但可以这么做。打分机制是人定的，但机器具体怎么做我们是不管的，像培养小孩一样，他写作业，你给他打分，他怎么写则是他自己的事。机器学习用的书是人给的，当然不是把所有书都给它，所有的书都给它，它学成以后就是杂家。行话是用数据加工成特征值，土话就是给什么样的参考书。我问过我的团队一个问题，为什么那么多人工智能高手做不出一个可以靠股票挣钱的东西来？我们做出来的人工智能，为什么效果还可以？因为单纯研究人工智能的人对投资并不理解，而对投资有理解的正在春风得意，没有想到要颠覆自己。

我是因为比较喜欢研究商业模式，认为人工智能迟早要颠覆我们这一行业，所以才有这一举动。我帮别人管钱时，总觉得自己的优势发挥不出来，因为我把大量的时间放在应对市场上，不光要应对客户，其实应对客户可以让客户人员去弄，其实我就是在应对市场。我今年想跑赢指数，就一定要研究指数。如果股市有 300 只股票，必须对 300 只股票都研究到位，必须指数、权重都研究透彻，才能知道标的能不能跑赢它。如果你连对手都不了解，那怎么战胜对手？我想把自己解放出来，做自己最擅长的事情。

主持人手记

如果熟知中国证券市场早期历史，不会忽略君安证券（国泰君安证券由君安证券和国泰证券合并而来）。它，发起“改组万科董事会”，打响股东监督公司治理的第一枪；它，开创了公司研究的先河，是 A 股价值投资的先行者；它，参与了当年上海滩最轰轰烈烈的“三无概念股”——申华实业的举牌案例，让控制权保护进入上市公司实际控制人的视野；它，发起了第一例 MBO 案例，艰难探索职业经理人与股东之间的共赢关系，虽败犹荣。康晓阳是很多资本市场重要事件的重要参与者和亲历者，更是对投资的本质有深刻理解的实践者。400 倍的腾讯收益，近 40 倍的特斯拉收益，如果没有对商业模式及企业经营的洞察，对知行合一的执念，对投资的彻悟，估计很难有如此的功力。“独立思考”“颠覆性商业模式”“买够量”，这些看似浅显的道理，却是多年投资的深刻领悟。而“人＋机器”的最新研究，让人的主观能动性和机器的客观与冷静紧密结合，在复杂多变的行情中，“独取一瓢饮”。我们期待这样的资产管理模式创新能够在A股的资产管理行业大放异彩，让资产管理行业百花齐放，让老百姓的选择多一个维度和渠道，这当是资产管理行业之幸，亦是客户之幸。

PART

7 从国家战略视角寻找投资机遇

张　琳 vs 明晟东诚创始人　徐　刚

徐　刚

明晟东诚创始人

北京明晟东诚私募基金管理中心（有限合伙）[原名为北京明晟东诚投资管理中心（有限合伙）] 创始人。曾任中信兴业投资集团有限公司副董事长、总经理，中信建投证券股份有限公司董事，中信证券股份有限公司执行委员会委员，中信集团首席研究员，华夏基金管理有限公司董事和中信期货有限公司董事等职务。徐刚是证券行业卖方研究转型的推动者，是中信证券财富管理转型的奠基者，是国有资本运营公司的探索者。他在宏观经济、产业政策与金融工程等诸多领域颇有建树。

❖ *美国 FOF 类产品在资产管理行业中的规模占比大约在 10% 左右，中国的渗透率大约是 1%，这个赛道应该是比较新的赛道，也是一片蓝海，需要长期耕耘。*

❖ *随着未来国家经济政策的推动，更多的经济实体会转向通过资本市场的驱动来获得发展，所以中国资本市场的发展其实才刚刚开始。*

❖ *长期来看，这个结构性的变化还远远没有结束，还可能延续更长的时间。*

❖ *国家的发展战略和行为表现一定会反映在市场的行业占比和股票估值上。*

❖ *市场并不是永远都是理性的，它有其内在的规律，偏离到了一定程度会自动纠正回来。*

❖ *均值回归是颠扑不破的真理，没有一个东西会永远上涨，就像树不可能长到天上去一样。*

❖ *在结构性牛市里，有些地方很热、很亮丽，大家在抱团，但那些地方未来不一定有很高的性价比，反而是很多比较冷门的、被低估的地方会有高性价比的投资机会。*

❖ *投资要甘于坐冷板凳，在相对冷门的地方寻找机会。*

❖ *多元化的公司并不一定是一家好公司，每个企业家一定要承认自己的能力有边界，只做自己能力范围内的事情。*

❖ *2021 年最大的风险就是机构抱团瓦解。这些抱团股票市值、权重比较大，一旦瓦解，对市场整体平稳运行可能会产生负面影响。*

❖ *已经发生的基本面对股价影响不大，大家投的都是未来的基本面，或者说投的是未来基本面的改善情况。*

❖ *我在左侧等机会所获得的收益，要远远大于等趋势起来以后再去追的收益。*

私募投资新蓝海

张　琳：徐刚先生自称是一位券商老兵，从业经历横跨学术圈、证券圈、基金圈，个人标签非常多。2021 年新年伊始，他集结了圈内 7 位鼎鼎有名的头部私募掌舵人，成立了一家 FOF[①] 资产管理公司。据初步统计，这 7 位 LP 管理的资产规模合计 2000 亿元左右，为什么要创立这样一个豪华版的 FOF 企业？

徐　刚： FOF 被称作基金中的基金，又被称作组合基金。我之所以想做这件事情，主要是因为：第一，中国资本市场发展到现阶

① 基金中的基金（Fund of Funds），它与开放式基金最大的区别在于，基金中的基金是以基金为投资标的，而开放式基金是以股票、债券等有价证券为投资标的。

段，金融产品的数量呈爆炸性增长，目前上市交易的股票有 4000 多只，基金产品的数量也已经超过了 1 万只，所以普通投资者选基金的难度其实比选股票还大。第二，现在社会财富，尤其是个人财富的增长速度很快，很多投资者自己也会同时买多只基金，所以基金组合的需求实际上很大，但 FOF 或者组合基金的供给量目前严重不足。美国 FOF 类产品在资产管理行业中的规模占比大约在 10% 左右，中国的渗透率大约是 1%，这个赛道应该是比较新的赛道，也是一片蓝海，需要长期耕耘。

张 琳：你们的产品和存量的私募 FOF 产品相比，会有什么区别？

徐 刚：这个行业的存量产品更多是被动型的 FOF 产品，也就是把底层的明星基金产品进行简单的组合，缺乏自己的投资观点，很少进行主动投资调整。我们的 FOF 产品是以投研驱动进行主动投资的产品，底层的基金产品只是实现我们自己投资理念的一个工具，因此我们更注重于主动管理，在某种意义上我们和主动型股票基金的特点其实是一样的。这类产品的供应量不是很多，但需求却在呈爆发性的增长。

FOF 其实是资管行业分化出来的一个新的子行业。举个例子，现在大部分汽车行业的整车厂已经不生产零部件了，很多都是向外采购，然后组装成自己的品牌汽车。FOF 也类似，我们内部不雇佣股票、债券的基金经理，而是根据我们的需求，从全市场选择合适的股票基金、量化基金、债券基金等，按照我们自己的投资策略组合在一起，完全是一个开放性的结构。

张　琳：我很好奇，7 位私募界的领军大佬带着真金白银来支持你，他们到底看中了什么？是你们独特的投资理念，还是这个崭新的赛道，还是资本市场的发展空间？

徐　刚：我觉得重要的是 FOF 这个赛道需要在中国有一些更长期的布局，要做一些从 0 到 1 的事情，某种程度上这不仅是我个人的创业，也是这个赛道的一个推广，这时候需要高起点和高门槛。

更重要的是，我们都看好中国资本市场的大发展。现在中国股市总市值占 GDP 的比重在 80% 左右，发达国家大体都在 100% 以上，美国在 160% 以上。目前我们的实体经济发展主要还是靠银行信贷驱动，而不是资本市场驱动，随着未来国家经济政策的推动，更多的经济实体会转向通过资本市场的驱动来获得发展，所以中国资本市场的发展其实才刚刚开始。

十九大以后，国家进入了新的发展阶段，主要转向追求高质量的发展，国家实施供给侧的改革，进行了很多结构性的调整，而这些调整和国家政策的推进，最终都反映到了股市层面。所以我们看到 A 股市场在 2017 年以后便进入了新发展时代，尤其是过去两年，呈现了比较明显的结构性行情。长期来看，这个结构性的变化还远远没有结束，还可能延续更长的时间。

张　琳：市场结构性的变化和机会体现在哪里？

徐　刚：2017 年以来，整个中国股市一直在跟着中国经济结构的变化而变化。我们看新经济板块，消费、信息技术、通信、医疗、工业的市值占比在提高；而旧经济板块，资源、公用事业、房地产、金融的占比在持续下降。站在现在看未来，这个趋势还会延续，但内部结构也会有一些变化。比如现在整个食品饮料子行业，二级行业市值占比达到 10%，而发达国家，像美国、欧洲和日本的食品饮料行业市值占比只有 4.4% 左右。中国这高达 10% 的占比里大部分是白酒，我觉得这个占比可能还会维持，但是 2021 年和 2022 年，我不认为白酒的市值相对占比还会像过去两年那样持续上涨。

2021 年，我们总体上认为整个市场会延续过去两年的单边结构性市场涨幅，但不会是简单的重复。很多炒过头的、被高估的股票，都有回落的风险，没有涨的股票反而有补涨的可能性。2021 年，整个市场应该会在高位反复振荡，等待更多行业的业绩跟上估值以后，指数才会进一步上涨。

总体来说，我觉得 2021 年市场的温度不会太高，应该不是很容易做，大家还是要把防范风险放在第一位，收益放在第二位。

国家战略视角下的投资机会

张　琳：怎么从国家的战略视角来寻找投资机遇？

徐　刚：理解股票有一个很重要的入口就是行业。每个股票都有自己的行业背景，所以这个市场上大量的专业机构投资者都是行业研究员出身，因为国家的政策、战略和发展方向最终会落到产业、行业上。我们从行业权重的变化就可以看出它们的关系。2017 年以来，新经济的 5 个行业市值占比持续增长，金融业市值占比持续下降；而 2017 年中国金融业在整个股票市场中的占比达到 40% 左右，现在已下降到 23%，降幅接近一半，与此同时，消费行业、信息技术行业的市值占比始终在提升。这些结构性的变化实际上是国家政策实施的结果。

所以要理解股票市场内部的结构性变化，就要从国家战略的角度上来思考。股票市场本身是国家体制的一部分，是中国经济体制的一部分，它是一个映射，所以国家的发展战略和行为表现一定会反映在市场的行业占比和股票估值上。

张 琳：按照这个逻辑，从消费升级的政策角度来看，“喝酒”“吃药”行情可以持续吗？白酒的确定性难道不高吗？

徐 刚：我认为在现在的市场上，白酒的风险大于收益，我个人操作的话，应该不会去追白酒，至于持有白酒的朋友，现在要不要下车，那要看个人判断。

过去这些年，我一直在研究高质量增长的指标体系问题，这和股票市场的市值结构有关系。高质量的发展目标，就是要追上发达国家的产业结构，这里面就存在一个对标的问题。发达国家的产业结构里，整个食品饮料行业的市值占比过去一二十年一直是 4% 左右，中国白酒的市场再大，长期也不可能大到占 10%。我觉得现在白酒的市值占比偏高，而且现在整个国家的战略定位和发展方向都是支持科技创新。市场并不是永远都是理性的，它有其内在的规律，偏离到了一定程度会自动纠正回来。所以我不认为白酒还会持续上涨，至少涨幅会有所收敛。

张　琳：新能源肯定是国家政策支持的明确赛道吧？

徐　刚：对。国家政策是支持绿色发展、环保行业发展的，对新能源车产业发展的政策也都是支持的，目前的股价就是政策的作用体现。新能源肯定还是一个长期上涨的子板块，但短期涨幅可能偏大。

说到底，整个新能源车背后的“那口气”，其实是被特斯拉的股价推动的，而特斯拉本身也蕴含着比较大的估值泡沫。目前特斯拉的股价处于高位，所以新能源车板块还能够撑得住，一旦特斯拉股价出现调整，可能会对整个板块造成比较大的负面影响。股市这么多年都是这样的，涨多了就会跌下去，跌多了就会涨回来，均值回归是颠扑不破的真理，没有一个东西会永远上涨，就像树不可能长到天上去一样。

张　琳：未来的行情具体会怎样进行结构性分化？

徐　刚：整个行业结构调整的趋势会延续。比如白酒、新能源涨多了，它们未来的涨幅可能就有限，但工业、医疗等很多行业涨幅还不够，整个市值占比都很低，现在属于相对被低估的板块。比如整个中国的工业市值占比只有8%左右，比发达国家低两个点，这种情况说明我们大市值的工业上市公司还偏少。再比如医疗行业，整个市值占比过去一年增长了一个百分点，但也只有6%左右，同样远低于成熟市场水平。医药行业在大消费中起着举足轻重的作用，但相应的上市公司规模还很小，未来的成长空间还是非常大的。创新型制药公司和传统制药公司都有机会。

信息技术行业也是一样。整个行业目前的市值占比只有

10%，美国是 20%；而且很多企业，比如半导体、集成电路企业，和美国相比，其实市值占比差距并不大。最大的差距还是在传统软件行业，整个软件行业的市值占比只有 1% 左右，美国将近 9%，差距大，空间也大。

因此在结构性牛市里，有些地方很热、很亮丽，大家在抱团，但那些地方未来不一定有很高的性价比，反而是很多比较冷门的、被低估的地方会有高性价比的投资机会。

张　琳：长期投资的话最好不要去太热闹的地方吗？

徐　刚：投资不能一成不变，要跟随市场的变化。2017 年的时候，我们的消费行业市值占比只有 11%，现在涨到了 30%，所以 2017 年的时候这个行业肯定是被低估的。但是现在这个比例在发达国家里面也算是很高的，发达国家最高的也才 27% 左右。这说明在某种程度上我们是需要调整的。总的来说，白酒、零售行业、平台性互联网电商已经有较大的市值规模，而且大多是商业模式创新，而不是硬科技创新，未来在国家政策的引领下，这些行业会在某种程度上相对收缩。

所以新经济的内部结构也不是一成不变的，我们不能仅仅将目光停留在现在涨得好、估值高、泡沫大的这些公司上，投资要甘于坐冷板凳，在相对冷门的地方寻找机会。我有一个老朋友讲了一句很精辟的话，他说投资是少部分人的事情，太热闹的地方并不一定是未来的机会。

张　琳：现在市场二八分化，甚至一九分化的现象越来越明显，有可能冷板凳永远都是冷板凳。

徐　刚：所以要从国家战略的角度思考这个问题，中国股市的变化不仅仅是投资者投资的结果，更多的是整个经济的一种反映。2020年年底的中央经济工作会议提出，2021年重点工作的第一条就是强化国家战略科技力量，第二条是增强产业链供应链自主可控能力。政策指向哪里，哪里的企业业绩就有可能会改善，哪里的机会就会增多，我们还是应该多考虑这些政策上的变化。

产业结构的对标

张　琳：如果说选择一个好的行业、好的公司作为投资标的，从国家战略视角出发是一个维度的话，还有哪些方法？

徐　刚：还可以从股票的角度、从上市公司的角度思考它所处的赛道和商业模式，还要衡量企业家的问题——上市公司的企业家是不是值得投资的企业家。比较弱、不太景气的行业里也会有优秀的企业家，在非常热的行业里也有不太好的企业家，所以这一点也要看清楚。

我观察的视角更多是宏观视角，自上而下要对整个股市有一个清醒的认识：从纵向和横向对比，来看我们的股市处在什么样的位置上，全球市场会有一个大体平衡，不可能一直跑偏。所以每个人有每个人的方法论，大家都从各自的角度观察这个市场，最终肯定是通过结果来检验自己的想法是否正确。

张　琳：怎么区分好公司和坏公司，有没有一些明确的标准？

徐　刚：首先，区分好公司和坏公司的关键还是企业家的行为。我们也是按照企业家的模式来进行投资的，只有当他们成为我们心目中在资产管理领域有所建树的企业家时，我们才会投资这个资产管理人。

其次，好公司要看几个维度。第一，一定要有好的治理结构。我的同学高明华教授，一直在北师大做公司治理的指数，他的研究表明，对于拥有好的治理结构的公司来说，它的股价是受益的。第二，要有稳定的商业模式。多元化的公司并不一定是一家好公司，每个企业家一定要承认自己的能力有边界，只做自己能力范围内的事情。第三，管理团队要优秀。

张　琳：对于普通投资者来说，他们是接触不到企业家的，这种情况下该用什么指标来选择一家可以长期持有的公司呢？

徐　刚：投资是一种需要去体验、去交流的行为，就像你买房子，你肯定要去看这个房子，要和中介谈条款，要和房主去交流，不可能仅仅在网络上看到一个信息就下单。买股票也是一样的，要和公司负责人、管理层、产业链上的相关人员去交流。这个时候，因为普通投资者掌握不了企业的真实情况，也见不着它的企业家，我们建议最好通过买基金，间接投资这些股票，这样会相对好一点。

张　琳：未来真正能成为具备好的投资价值的企业或者产业应该具有哪些特征？

徐　刚：中国是一个赶超性的国家，很多经济发展特征是可以对标发达经济体的。按照2035年远景规划，我们要跻身创新型国家的前列，那么我们的行业是什么样的，有没有投资价值，就可以和发达国家比较一下。20世纪60年代的时候，世界上有一百多个国家是中等收入水平，后来只有十几个国家跻身高收入国家。中国现在作为一个中等收入国家，未来能不能成长为高收入国家，最终取决于我们的产业结构能不能赶上发达国家的产业结构，我们是不是在整个全球竞争格局里具有优势。过去100年，很多国家没有跃升上去，比如阿根廷等一些南美国家踏入了中等收入的陷阱。只有到达产业链的顶端，相当于食物链最上游，才可以拿走最丰厚的一块利润。所以中国能不能跃升上去，最终是产业结构的问题。

张　琳：首先要解决和赶超的是不是就是“卡脖子”技术方面？

徐　刚：的确，现在中国高端制造里有很多“卡脖子”工程，从长期来看，中国的工业要追上发达国家，就要尽快解决这些问题。美国最大的工业公司是波音，欧洲最大的工业公司是空客，这两家公司都是大飞机制造商。我做过调研，制造大飞机所需要的很多零件、涂料，还掌握在海外供应商的手里，一旦外国供应商不供应就很麻烦。但我相信我们可以自己生产，像5G一样，在很多自主可控的领域里，会有很大的机会。

张　琳：这样来看，中国经济发展中最迫切要解决的短板问题，是不是你们所青睐的投资标的呢？比如半导体。

徐　刚：是，我们比较看好这个行业的发展。半导体是中美之间的必争之地，中国政府肯定一步都不会退让，肯定要自己去研制、开发，形成一整套半导体集成电路体系，否则就会受制于人，所以国家在这方面的投入应该会持续增大。显然现在我们没有美国那样的半导体龙头公司，比如赛灵思、英特尔、英伟达等大型公司，但这并不表示我们未来也没有，国家政策必然会向这个方向进一步倾斜，各种资金也会投向这个领域，这是战略方向，最多拿的时间长一点而已。

但关注机会的同时，也要考虑风险。科技行业、TMT 行业、半导体行业，现在估值比较高，很多都没有业绩。其实科技信息技术行业里，不光是半导体，还有很多软件和操作系统受制于人，大量依赖于海外供应商。这个行业自主研发的国产软件很少，公司规模也很小，还要依赖于未来几年政策上的很多突破。

中央经济工作会议和“十四五”规划里都在讲科技自主可控，还有国家战略的科技力量和“卡脖子”工程，所有的指向都是信息技术和一些专门的高端制造领域。我认为，未来信息技术行业在整个股市中的占比应该超过 10%。

抱团瓦解的风险

张　琳：你觉得目前的市场可能会出现哪些风险点？大家需要

警惕什么？

徐　刚：2021 年最大的风险就是机构抱团瓦解。这些抱团股票市值、权重比较大，一旦瓦解，对市场整体平稳运行可能会产生负面影响。海外不确定性因素也会有，美国市场的不确定性因素也会影响中国市场。

至于政策层面，其实比较难预测，因为宏观政策制定部门，包括央行，本身也在市场当中，并不完全是一个外生变量，因为它一旦发现自己的行为导致市场出现剧烈波动，可能会改变自己的行为。所以我不认为，宏观上的政策会改变市场的方向，而且现在整个政策层面都是在呵护市场的发展。资本市场是金融供给侧结构性改革的关键一环，只有通过金融市场的繁荣，带动新的股票发行上市再融资，再投入到实体经济中去，才能推动经济的转型升级和高质量发展。

张　琳：机构抱团瓦解是注定的吗？

徐　刚：这是注定的。机构抱团的现象不是新事物，过去 20 年，市场曾经多次出现过。2003 年出现了所谓“五朵金花”行情，2004 年、2005 年的时候，第一次出现机构抱团茅台股票，随后 2006 年、2007 年大家卖了茅台，又转去抱团金融股和地产股。从这些机构抱团的现象可以发现，每一次都是基本面驱动的，并不是市场驱动的，经济的基本面最终会决定市场的投资机会。现在也是这样，随着热点扩散到其他很多地方去，抱团自然就会瓦解，这是必然现象。

相对于现在抱团比较集中的大盘股和高估值的龙头股，我个人觉得2021年的市场上大小盘的风格会均衡一点，市场会比较分散，热点会比较多。比如国家政策会指向很多领域的一些公司，现在可能都还是小公司，他们的机会会越来越多，很多抱团的资金也会在瓦解后慢慢流入其中。

张　琳：我们发现有一些基金会被动抱团，你们怎么主动保持平衡呢？

徐　刚：我们对未来市场有自己坚持的观点，如果不是我们看好的行业和投资机会，就算别人抱团了，我们也不会买；我们看好的行业和投资机会，不管有没有人抱团，我们都会买。我们投资与否不取决于抱不抱团，而是取决于那个标的是不是我们看好的，它的基本面是不是足够好。

张　琳：具体该怎么看基本面？

徐　刚：基本面分两种：历史的基本面和未来的基本面。其实已经发生的基本面对股价影响不大，大家投的都是未来的基本面，或者说投的是未来基本面的改善情况。因此我觉得大家还是要看这些上市公司和这些行业未来的变化，而不仅仅是关注它现在的状态。它现在挣多少钱，马上就会变成历史，而且它现在挣的这些钱已经表现在股价里了，未来的股价还是取决于它未来基本面的变化。

张　琳：面对市场的瞬息万变，怎么样可以让我们的投资更理性？

徐　刚：投资可以做右侧，也可以做左侧，投资者也有很多种。像我们的投资，都是比较长线的，而且是基金中的基金，所以我对这个市场的思考更多的还是从左侧来进行的，很难做到随着市场短期波动而波动。我在左侧等机会所获得的收益，要远远大于等趋势起来以后再去追的收益。

具体来说，趋势形成以后再去行动就是右侧，比如追涨杀跌。但是追涨杀跌并非一个不理性的行为，只要交易得快，能够挣到钱，它也是一种好的策略，很多高频交易其实就是追涨杀跌，就是一种右侧的交易行为。

左侧就是在趋势没有明确出现的时候进行操作。比如在下跌的过程中，冒着可能继续下跌的风险去买；或者在它还在上涨的时候，下跌趋势还没有出现的时候，就选择卖出。我们刚才说到，现在对于白酒、新能源的投资建议，就是一种左侧行为。当然，左侧也有风险，往往要等很长时间，会错过很多机会，时间成本很高。但是我觉得冒这个风险，比在右侧追高的风险要低。

张　琳：有没有左侧投资最成功的案例？

徐　刚：我在中信证券工作的最后一年，力主投了一家软件公司，当时它只有 20 亿估值，很多人都不看好这家公司，但是我认为它在未来的竞争当中，能够有自己的市场空间。我们当时投了 5 个亿，不到两年它就上市了，估值很快就从 20 亿变成 100 亿，翻了 5 倍，我们当年投的 5 亿也就变成了 25 亿。这就是典型的左侧思维，在没有人看好的时候，我看到了这家公司未来的行业地位，看好后就坚定地去做。

投资要打破内卷

张　琳：最近流行一个词叫作“内卷”，从投资的角度来看，有没有这样的问题存在？

徐　刚：在资管行业内来看，你会发现现在有了很多股票型基金，但是同质化比较严重，这就是一种“内卷”。其实中国各行各业都有这样的情况，但凡有人做了一件事情，大家觉得不错，所有人就会一哄而上去做。比如乔布斯没做智能手机的时候，大家都在学诺基亚，苹果手机出来以后，所有人都开始做智能手机；马斯克没做火箭的时候，中国也没有人做，但马斯克做了之后，中国有一条街都在做火箭。我们永远都在重复前人经历过的这些事情，就很容易造成重复性的劳动，这就是“内卷”。如果换一个赛道，换一种想法，做一些别人没有做过的事情，就不会有内卷，当然这可能会失败，但也可能会有超预期的收益。

张　琳：说到这里，最近大批资金流入港股，某种程度上算是打破“内卷”的一种选择吗？

徐　刚：港股的确有机会，它体现了海外资金对人民币资产的需求。过去一年多的时间，美国的疫情仍然没有控制住，美联储的货币政策持续大放水，与此同时，美国经济并没有真正走出低迷，因此美元一直在跌。相对来说，人民币在升值，人民币资产也因此受益，全球资本陆续从发达国家的市场中流出来，追逐人民币资产。在某种程度上，港股市场颇受全球投资者的青睐，也是人民币汇率的一个反映和结果。

张　琳：作为一名券商老兵，你觉得券商股还有机会吗？

徐　刚：证券行业现在发生了一些变化。十几年前它是轻资产的经营模式，是智力密集型公司，但现在变成了资本密集型公司，而且规模都很大，上千亿，未来甚至会上万亿。未来的证券公司会越来越像银行，它们做的是资产负债表的生意，甚至很多都是借贷生意，包括融资融券、股权质押。所以出现了一个有意思的现象，银行在做财富管理，向券商业务转型，而券商在向银行业务转型，两者越来越相似。而且还有一个问题是，中国的银行股和券商股供给量偏大，压制了整个行业的估值。比如中国金融业的市值占比虽然已经从40%降到20%多，但发达国家普遍不到10%。

张　琳：从你丰富的从业经历积累的经验来看，会给普通投资者什么样的投资建议？

徐　刚：我觉得买股票有两类行为。一类是参与风险投资，就为了博一把，即使不挣钱也很快乐。对于这部分人来说，某种程度上来说，参与股市投资是一种消费行为，也是一种生活方式。还有一类就是专业投资。专业的机构投资者都有自己比较稳定的投资策略和投资理念，我不会复制他人的思路，因为我有我的套路，我有我的理念，我坚持我想要做的事情，我要用实践来证明我这样做是对的。

投资市场里什么人都有，行为千奇百怪，没有太多可比性，也没必要都学巴菲特。但是专业的机构投资者，还是要有自己的思维模式和稳定的投资策略，一旦选择就坚定地做下去，不能因为短期波动而随意切换思路。优秀的投资行为和做企业是一样的，一个企业不能因为做半导体暂时不挣钱，就马上改行做房地产，觉得做房地产不挣钱了，又马上改行卖白酒。

主持人手记

2021 年新年伊始，“券商老兵”徐刚下海创业了，带着豪华版的 LP 阵容，迈入了一个崭新的蓝海赛道——FOF。这次转型蕴含了他对资本市场长期大发展的信心，对中国资管行业大趋势的期待，以及对资产配置新时代布局的独特思考。熟悉徐刚的人都知道，他在圈子里的积淀很深，人缘很好，口碑很棒，他曾经是名副其实的卖方大佬，是国内卖方研究转型和券商财富管理转型的先驱和践行者，横跨学术圈、证券圈和基金圈，个人品牌的闪亮远远多于脑门的光亮。如今，换了一个新的赛道，要完成从 0 到 1 的跨越，徐刚需要看得更加长远，走得更加扎实，而从国家战略的大局观寻找相应的投资机遇，也许就是一个指南针。

PART

8 研习投资赢家的唯二法则

张　琳 vs 康庄资产董事长　常士杉

常士杉

康庄资产董事长

毕业于江苏财经职业技术学院财务管理专业，1995 年进入中国股市，拥有近 25 年的证券市场投资经验。2002 年创立南京康庄资产管理有限公司并担任董事长。2010 年，他利用其价值成长投资法则获得年度中国阳光私募冠军，收益率高达 96.16%。2012 年起进行全球配置，并先后创立了高远创投，洛基山国际资本（加拿大）。现兼任清华大学深圳国际研究生院授课导师、北京科技大学天津学院投资研究院院长、南京大学学生创业导师、中国政法大学资本研究中心高级研究员、民建中央财政金融委员会委员。

常士杉的价值加超级成长股投资方法在全球市场取得了年化 26% 的良好收益率，他管理的康庄基金曾获得“最佳私募证券基金管理机构”、私募机构“五星级”评价，“最佳回报私募证券基金产品”“最有才华的投资顾问”等荣誉。他个人曾荣获 2006—2015 年度中国私募“十大风云人物”等称号。

❖ *我可以大胆地预测，A 股将走出一个 50 年跨度的长牛、慢牛。这个牛市不是普涨普跌的，它是局部性的、阶段性的、个股性的，当然也有巨大振荡的可能性，我们必须做好心理准备。*

❖ *未来 5～10 年不进股市的人肯定会有损失，因为只要抱团买这些确定的行业中的龙头个股，用时间守财富，就一定会赚到钱，这是我们这代人最大的财富机会，更是年轻人的第一桶金，年轻人越早进入股市越好。*

❖ *两年前买白酒股的投资者可以赚两三倍，但现在买就是给机构抬轿子，要承受颠簸的痛苦。*

❖ *我们对未来要坚定信念，选准行业、赛道，一揽子配置，跟时间赛跑，坚定投资信念，就一定会取得成功。*

❖ *K 线最诱人的时候就是杀伤力最大的时候，当 K 线看上去有些凄凉的时候，反而是我们要进场的时候。*

❖ *盯盘时间其实和赚到的钱是成反比的，一定要明白这一点。选对了就是持有的问题，不是卖的问题。*

❖ *行业拐点，或者政策拐点到了，那必须要卖；抱团开始分崩离析，已经没有未来了，必须要卖。*

A股正在走出一轮长牛、慢牛

张　琳：你怎么看待A股市场上目前的机构抱团行为？

常士杉：我认为在中国股市抱团是没有问题的。为什么这些机构敢抱团？要回答这个问题就要先看看中国股市到底发生了什么样的变化。

中国股市已经发生了翻天覆地的制度性变化。2019年开始设立科创板并试点注册制，这是中国真正牛市开始的里程碑，是牛市的基础，可以说牛市的起点就是注册制的施行。注册制实行以后，意味着股票的估值完全市场化，任何结果都是买者自负，所以你要给它估值，内心就要有一杆秤，找到一个合理的价格定位。

另外一个制度性变化是退市制度。如果说注册制是牛市的导火线，退市制度就是催化剂。注册制能让所有好股票都进来，退市制度可以让坏股票出清，这样A股才有价值投资的土壤，大家的投资风格也会慢慢变化，不再像以前那样炒小、炒新、炒题材、炒内幕交易、炒庄股了，整个市场会越来越健康。

所以说中国股市现在迎来了制度性红利，中国的长牛、慢牛、结构牛、个股牛，包括龙头超级牛就开始了。在这样一种结构性牛市的特点下，机构抱团也是一种必然。大家都看到了大消费、科技、医药的崛起，全球范围内也是这样，美股这么多年的牛市就是以亚马逊、脸谱、苹果这些龙头公司为代表的科技牛。我们统计了一下，美股上涨的这一二十年，只有4.5%的超级个股出现了超级成长，但95%以上的股票，并没有怎么涨。

未来5～10年不进股市的人肯定会有损失，因为只要抱团买这些确定的行业中的龙头个股，用时间守财富，就一定会赚到钱，这是我们这代人最大的财富机会，更是年轻人的第一桶金，年轻人越早进入股市越好。

张　琳：就在本周刚刚过去的5个交易日（1月25日～1月29日）中，市场经历了大幅波动，很多人都开始怀疑，之前说好的牛市去哪了？

常士杉：我认为行情远远没有结束，这点非常确定。指数会到哪个点位，我们不去猜，但我可以大胆地预测，A股将走出一个50年跨度的长牛、慢牛。这个牛市不是普涨普跌的，它是局部性的、阶段性的、个股性的，当然也有巨大振荡的可能性，我们必须做好心理准备。

股市有个“二八法则”，即20%的好股票会创造80%的利润，我们要在这种平衡中找机会，风险可控性才会比较强。按照“二八法则”。当股市下杀时，我会从下跌的股票中选择一些进行配置，比如用1000万买10只股票，每只买100万，我用盈利减去亏损，如果这些股票70%亏损，30%盈利，也就是说只要胜率达到30%，我就胜利了。当然前提是基本面要真实，这个时候调整就是买入的机会。

需要提醒大家的是，在你买抱团股的时候，就要做好它可能回调的思想准备，它可能回调 20%，甚至可能杀跌 35%，这巨大的股价波动，你能不能承受得了？另外，你会不会用杠杆？如果你用了杠杆，可能就没有翻身的机会了，市场是非常残忍的。我做了这么多年股票，过程起起伏伏，最近几年越来越稳。投资者不要认为自己很聪明，我们要敬畏市场，行稳致远才是投资的真正境界。

张　琳：长牛、慢牛行情会如何演绎？大家可以闭着眼买龙头吗？

常士杉：这个问题非常好，因为再好的股票，如果买在高位，也是很难受的。只要没有买在最高点，时间都会消化波动，消化估值。

这一波的行情中，很多龙头估值都有了大幅提升，最好的方式当然是大家在对行业、对龙头股、潜力股有了深入的研究以后，在估值还没抬升的时候去买。如果时点错过了，也要在“龙回头”时，也就是在调整的底部去买，这样风险会更低一点，轻易不要追涨。

我自己是在实战中磨炼出来的，靠一万多元起家，在市场上摸爬滚打，一路走到现在。我的投资风格是敬畏市场，这真的是交学费学来的。首先要从研究股票开始，这个行业你懂不懂，能不能请教行业大佬，能不能去上市公司调研，能不能看一些比较靠谱的券商年报，做足买前的功课，这些都是十分重要的。要想成为投资的赢家，就要遵循“唯二法则”：价值 + 成长。行业价值在哪里，有没有阶段性机会，有没有长期性机会，必须要有自己的判断。比如目前市场上的光伏、新能源汽车、医药、大消费、白酒等，都要涨到天上去了，市场给它们这么高的估值，一定有它的道理，但我们也要从历史上看，这些行业个股的估值和利润成长性是否匹配，目前在什么区间，是否已经呈现泡沫化。

我建议大家首先要具备行业投资战略思想，必须选对行业，避免战略性的方向错误。行业选对了再去考虑技巧，然后才是选择时机。

张　琳：你提到的这些抱团龙头，靠什么消化高估值？仅靠基本面吗？

常士杉：基本面肯定是可以消化高估值的，这些机构敢在估值 150 倍时买进来，就已经做好了用 5 年时间消化估值的准备，然后配一些现在低估的品种，平衡配置。对人类来说什么是无价之宝？除了空气就是时间，时间是不要钱的，但时间又是最贵的。时间会平复所有高估值品种，当然前提是行业要真的有价值，个股要有真正的成长，要有持续性的成长。当然不可能每年都是 100% 的成长，但三五年下来，平均有 15%～30% 的增长就很好了。持续不断地增长可以让业绩规模变大，以此来抵消过高的估值。

但我同时相信，抱团行情远远没有结束，未来 5～10 年，真正的龙头股有的会涨 10 倍，有的会涨 100 倍，有的甚至会涨 1000 倍。

张　琳：立帖为证，十年之后我们来看看，你说的对不对。

投资的“唯二法则”

张　琳：你刚才提到投资要遵循一个“唯二法则”，一是价值，二是成长，价值主要看行业是否有价值，成长主要看个股有没有长期增长，这是不是你选股的最核心的标准？围绕这个标准，有什么样具体的方法论？

常士杉：投资的“唯二法则”就是价值 + 成长。价值，从业务角度看，主要是指公司的行业地位和独特性、行业定价能力；从财务角度看，主要看营收规模、盈利能力、现金流转换能力等。行业选对了，基本上成功了 80%，对行业价值进行估值时估对了，基本上就成功了 90%。所以行业价值是至关重要的。

估值最重要的一环是对行业空间的判断，最后临门一脚是买点，如果买点再把握住，就能完胜。举个例子，两年前买白酒股的投资者可以赚两三倍，但现在买就是给机构抬轿子，要承受颠簸的痛苦。骑过马的人都知道，你长得再漂亮，马也有可能把你踢下去，所以骑马不是看颜值，而是看马能不能服你。

确定行业价值以后，再考虑个股内在的价值，分为两个方面。一是它在行业中的估值和行业平均估值情况，二是该行业在全球的估值水平。比如我们会发现中国 A 股医药板块的总市值还比不上美国某两家上市公司的市值，但中国有 14 亿人口，有健康消费需求的潜力，行业规模还有很大的成长空间，行业空间的雪球滚大了，个股的空间就出来了，这时候我们再在行业里寻找优秀的标的，就会容易许多。

个股内在价值有了，也要看看动态的 PE。有的人买股票什么都不看，就凭自己的任性，趋势起来了就追进去，追涨杀跌，还自认为属于技术派。当然这种人偶尔也可以蒙对，但赚的钱还不够亏的。沪深 300 现在平均估值大概是 16.7 倍，而美国纳斯达克的平均估值已经是 45 倍了，道琼斯的平均估值也接近 20 多倍，这样的估值在美国历史上是罕见的。A 股现在可以说相对被低估了。

现在来谈谈成长。成长，从业务角度看，主要指的是行业空间、业务空间、募资空间等；从财务角度看，主要指的是营收增长能力、利润增长能力、盈利质量及改善情况（比如 ROE、ROIC 等衡量资产盈利能力的财务指标）等。用一个相对简单的财务指标，就是看 PEG——市盈率相对盈利增长比率，看业绩增长跟估值是不是匹配，是低估还是高估。在业务保持线性增长的情况下，这个指标非常准，是机构研究的常用指标。

成长性体现在哪里？体现在市场规模、行业规模、国家政策上。国家政策决定了大环境，国家政策下的行业宏观面，决定了行业空间，行业宏观面的领跑者则决定了你的仓位比例，因为最终让你受益的是绝对的龙头股。龙二、龙三、龙四其实都是打酱油的，几年以后，它们的涨幅会远远低于行业龙头。

张　琳：对于龙头股你有没有明确的定义和标准？

常士杉：龙头股的定义非常简单，从财务角度看，行业内营收第一、利润第一、毛利率第一、成长第一，一般如果具备 2～3 个特点，就可以归为基本面龙头。也可以从技术角度看，在大盘暴跌的时候，它不怎么跌，或者是小跌；在大盘慢悠悠小跌或者求稳的时候，它开始涨；在大盘加速上涨的时候，它领涨，还会不停创新高。基本面龙头叠加技术面龙头，就是真正的龙头股。

张　琳：遵循“唯二法则”能带来绝对收益吗？

常士杉：全球市场所有赚到大钱的大师，都是叠加了行业内在价值和超级成长。“价值 + 成长”都对了，接下来就是守护和守望，如果能长期守护，就一定能赚到大钱，所有的大钱都是用时间赚来的。有一个机构统计，考察一个人的投资水平用 3 年的时间就足够了，3 年为一个周期，水平高的人中有 90% 基本上 3 年时间就能做到盈利，一两年就想 100% 赚到大钱，全球也没有人敢这样说。我们对未来要坚定信念，选准行业、赛道，一揽子配置，跟时间赛跑，坚定投资信念，就一定会取得成功。

但这里有一个回撤的问题，没人能够逃避。我也有因为买在高点而亏损或者被套牢的情况，这种情况下持股的心态会发生变化，心理落差会很大，持股的定力会受到质疑，自己也会打退堂鼓。如果不能克服股价的巨大波动带来的压力，是不可能赚到钱的。所以投资一定要对资金有一定规划，要问问自己能不能接受 25%、35% 甚至 45% 的波动，能不能经受不确定性事件、突发事件、系统性风险的考验。另外，适当分散投资，做到均衡配置，用均衡配置抵消赌徒心态，这是重中之重。

张　琳：长期持有不动摇是一件很难的事情，你能做到吗？遇到大的波动，你会怎么做？

常士杉：个股基本面、宏观环境、行业赛道如果都选对了，拿着就行了。我刚出道的时候做不到，但是现在能稳稳当当地做到了，我有一只股票已经持有5年了，涨了6倍。其实中间也有过特别巨大的回撤，面对巨大的回撤也不能轻易加仓，那时候天天睡不着觉。后来在审视基本面没有太大变动的情况下，我认为它未来会恢复到正常的估值，所以我选择再相信自己一回，静观其变，死守不放。巴菲特的投资生涯中，有4次跌了50%。所以做投资一定要忍受回撤，即使行业选对了，个股配置都对了，线路对了，战略也对了，仍然要能够忍受回撤。当然如果一旦基本面有重大变化，还是要及时减仓或者止损。

张　琳：刚刚过去的这一周，就有不少人在高点买进了抱团股，正在承受着回撤的压力。这个时候他们该怎么办？

常士杉：从我个人角度来说，首先要确定的是，你买的品种是不是非常棒的朝阳行业，是不是景气度非常高的行业。所谓行业景气度高，就是指你不能指望他们在短期内暴涨，比如钢铁股、水泥股、医药行业股、食品饮料行业股等。记住巴菲特说的话，买了股票以后，指望它大涨是非常愚蠢的行为。这句话其实是提醒你，要想好你选择这只股票的初衷是什么，你对它是不是进行了研究，你的行为到底是投机行为还是投资行为，你到底是做短线还是做长期理财规划，你到底是在做资产配置还是纯粹的博弈，甚至赌博，你到底是重视基本面还是技术面。所有这些问题想好了，再决定买哪种股票，或者审视目前持有的抱团股，就不会犯嘀咕了。

抱团股有非常漂亮的直线拉升，看起来很诱人，但K线最诱人的时候就是杀伤力最大的时候，当K线看上去有些凄凉的时候，反而是我们要进场的时候。我在当小散的时候，永不追高是我的理念，屡试不爽，当然有时候也忍不住，也会被市场冲昏头脑，也会冲进去，结果得到的都是教训。

如果从行业宏观角度和未来3年的成长性来看，你已经买在了高位的话，那就要审视它所处的行业，审视未来两三年它的估值能不能承受它的内在价值，当然还要看你的资金是不是急用，自有资金没有用杠杆是很明智的。我做了25年股票，对比了100只牛股的走势后，发现了一个秘密，也可以说是规律——真正大牛股的最大回撤很少超过35%，当然极端行情除外。基本上它们的回撤是在20%～35%之间，极限在45%。这个时候我们可以做一些配置，然后用时间横盘消化大的波动和过高的估值。

但是你如果不能长期持有，资金还有短线用途，又是重仓的话，那就真的没办法了。我用自己的教训告诉投资人，不管散户还是机构，一定不能把自己的身家性命重仓在某一个品种上，这样做就是完全不敬畏市场，这种行为无异于赌博，甚至是自杀，万万不可。

十倍牛股哪里选

张　琳：你一直在说，希望能选到十倍的牛股。你觉得从哪些赛道更有机会选到十倍的牛股？

常士杉：首先行业要选对，比如现在想要在钢铁股中找十倍股，那是不可能的。投资这么多年，我个人感觉做得特别好，选择特别对的，都是A股的大牛股，有白酒股、医药股，海外配置方面，有巴菲特持股多年的可口可乐，高盛买入的中石油、华盛顿邮报、辉瑞、雅诗兰黛、苹果等。从10倍股到50倍股，大家可以显而易见地看到，全球超级成长股的赛道无外乎6个方面。

第一是解决人的生老病死以及健康问题的产业，比如大健康、大医药，包括其中的细分行业，像化学制药、生物制药、生物制品、创新药、CMO、CDO这些赛道。

第二是和美的需求相关的产业，比如化妆品、医美。

第三是食品饮料行业，比如白酒、调味品等。

第四是具有颠覆性的高科技产业，以通信行业为例，从过去的BP机、大哥大到现在的智能手机，从2G时代一路到5G时代的推陈出新，科技永远是最大的生产力，这个行业的大牛股层出不穷，这是我们永远要追的，当然难度也很大。

第五是能源产业，能源是人类生产生活的关键元素，新能源产业中，光伏、新能源汽车的一些龙头，长期看都有很大的想象空间和前景。

第六是传统产业升级，比如一些化工个股，它们有独特的制造工艺和成本优势，一家独大，有可能成长为巨无霸。

张　琳：六大赛道还是有些笼统，能再明确一些吗？

常士杉：其实万变不离其宗，就是围绕我们的衣食住行，围绕消费升级、科技进步、传统产业升级这些主线，再在细分行业里去找。

比如科技赛道上，现在5G、半导体、芯片都是热门行业。科技行业里面很多大牛股背后就是颠覆时代的新技术，比如特斯拉，还有整个新能源产业链，这里面就包括了技术革命、能源革命带来的颠覆传统的新产业机会。腾讯也是如此，互联网使线上线下实现了沟通，颠覆了一个时代，腾讯在这个过程中，形成了科技的全领域布局，成长为游戏巨无霸、社交巨无霸等，这些组合成了腾讯巨大的产业链，业绩还在不停增长，这就是超级牛股。

所以只有颠覆时代的，具有革命性、创新性的产业，才是大牛股的温床。具体到我现在的配置，我重点看的两大赛道是未来的星空互联网和生物制药。

投资不能脱离基本面

张　琳：相对于买股票，什么时候卖是更难的一件事情，假设一只股票的收益已经足够多了，什么样的条件下，你会考虑卖掉它？

常士杉：“会买的是徒弟，会卖的才是师傅”，这个不是瞎说的。包括我本人，也有很多次把牛股卖飞了的情况。

我现在就有一只股票，已经从22涨到80多，我不会卖，因为这个行业没选错，账面收益已经证明了我是对的。这家上市公司，我实地调研过 6 次，我对它的了解可能并不比它的董事长少，从行业宏观、政策支持、国际证券估值、行业平均估值等各个方面，我都了如指掌，功课做得绝对够足，这一点非常重要。

一个行业景气度越高，抱团越多，资金冲进来的欲望就越强烈。看盘看什么？很多人是看热闹，天天看涨跌，无时无刻不在盯着股价，殊不知盯盘时间越长亏得越多。盯盘时间其实和赚到的钱是成反比的，一定要明白这一点。选对了就是持有的问题，不是卖的问题。

至于什么时候卖，这个问题很难回答，我从投资策略的角度来回答这个问题。当一个行业的成长空间没有了，或者说在宏观政策上已经看不到未来了，我们肯定第一时间就走了，这也不是什么秘密。我现在悟到的最大收获是：行稳致远，再让我冒巨大的风险是不可能的。所以行业拐点，或者政策拐点到了，那必须要卖；抱团开始分崩离析，已经没有未来了，必须要卖。

当然我们还会通过定量方式量化一些指标，做一个综合性行业调查，如果又发现了新的好行业、好赛道，我们也会调仓。

张　琳：最近美股上演了一出散户抱团逼空空头的大戏，真的是资本市场建立两百多年以来，令人难忘的奇特篇章，但我们要说的是游戏驿站这家公司的确是一家有着巨大亏损的公司，被爆炒成现在的局面，已经严重背离了基本面。基本面还是不是应该坚守的投资准绳？

常士杉：这是肯定的。纵观全球投资历史，凡是脱离基本面的，最后都会回到均值系统，这是亘古不变的真理。价值成长投资永不过时，所有交易、投资、投机、炒作都离不开基本面，离不开企业所在的行业平均估值。这次事件是在警示我们，投资不能脱离基本面，所有投机行为、赌博行为最终必将失败。

张　琳：今天的市场更多要看技术面还是基本面？

常士杉：我也是从小散做起来的，25 年以来，我所拥有的 90% 的财富都是股市给我的。技术面我曾经也看过，大家都在看，我们不看也不行，但实话实说，天天看 K 线，在红绿之间看出财富的全球也没有几个。

我在美股做了这么多年，发现技术派大神威廉 · 江恩其实也并不算成功，全球股市大事件中没有一个是技术派出身的人做的，江恩最后也接近破产。反而是基本面派中出现了彼得 · 林奇、巴菲特、查理 · 芒格、段永平、赵丹阳等这些行业精英。很多人说 K 线决定一切，技术、趋势决定一切，但我想说万丈高楼平地起，没有砖头、混凝土打地基，可能盖两层楼就倒了，所以只有基本面才是股市“万丈高楼平地起”的牢固地基。

投资者还是要先弄清楚自己的投资思路、投资哲学、投资战略，必须选对行业，先考虑基本面，然后才是技术面，技术面在交易当中最多占 15%～20% 的比例。

张　琳：既然你自己也是从小散做起的，面对当下的市场，对于这些散户们接下来的投资行为和理念的调整，你有什么样的建议？

常士杉：中国股市已经到了大牛、长牛、慢牛、结构牛、行业龙头牛如火如荼展开的阶段，如果不拥抱这个时代，你就会错过一个时代，错过一个拥有财富的机会。

作为个人投资者，如果你有充分的时间，也有一定的功底，和我一样受过重大挫折，交过学费，也吸取了教训，又善于学习，那最后九九归一，就要回到“价值 + 成长”的投资正道上，而不是去追涨杀跌。所谓大道至简，其实就是买最好的行业，买最好的赛道，然后做一些均衡配置，时刻跟随企业的成长，不以月、日为单位，甚至分秒必争，而是以年为单位时长，用时间去获得财富。另外，对大牛股要有 20% 甚至 35% 的回撤容忍度，对公募、私募也要抱有一定的宽容度，做到这些想不成为赢家都很难。

主持人手记

因为工作关系，认识常士杉已经超过 5 年时间了，你很难想象每一次对话，他都会一如既往地激情澎湃、热情四溢。直播中有网友评价说，这是第一位没用几个专业术语，却让我们都听得明白的嘉宾。常士杉的“接地气”源于他是一个典型的实战派，从当年一个拿着 1 万块钱入市的默默无闻的小散户，到 2010 年以 96.16% 的收益率获得全国私募冠军，再到今天在全球进行资产配置的私募投资人，他曾经风光无限，激进自负，巨亏过，也反思过，最终沉淀下来，成了一个能够穿越牛熊的投资人。他还是一个典型的职业投资人，“我除了做股票，什么也不会”，听上去是他的一句玩笑话，但事实上除了股市投资，他的确没有做过其他职业，而他个人几乎全部的财富积累都来自股市。我想也许今天依然有很多人会有类似的梦想，但梦想的实现要有坚实的地基，不如好好研习一下投资的“唯二法则”，也许抓住下一只大牛股的投资赢家就是你。

PART

9 “蓝筹稀缺”和“越白越贵”

姚振山 vs 明达资产董事长 刘明达

刘明达

明达资产董事长

湖南大学工学学士、长江商学院 EMBA。2005 年创立深圳市明达资产管理有限公司，担任公司董事长、首席投资官、投资决策委员会主席，还是阿拉善 SEE 生态协会终身会员、监事。拥有近 30 年的证券投资经验，曾获“十周年金牛杰出私募投资经理”。

其管理的明达（1 期）是中国私募基金公开业绩以来存续时间最长的私募基金产品之一，为客户带来近 20%（费后）的年化复合回报率。

2005 年，上证指数跌破千点、股市一片低迷时，他始终坚持“积极价值投资”的理念，通过深度研究，创建“傻瓜模拟投资组合”，3 年之内不做任何操作，最终收益率高达 520.93%；截至 2020 年 9 月 30 日，年化复利为 23.42%，成为业界经典。

❖ *不管是新能源汽车还是以光伏的平价上网为代表的能源革命，我们应该看到它有一个长周期的机遇，当这些产业变成传统产业，或者说当太阳能变成主导的能源的时候，我们才能真正识别出来，它会不会形成泡沫，或者那个时候再去讨论这个泡沫会不会破灭。*

❖ *只有当一个行业变得成熟了、确定了，我们才会去考虑深度研究它，并重仓投资它。*

❖ *我们一定要站在全球化的视野下看竞争力的机会，中国的机遇不仅仅在消费品公司上，制造业龙头公司也有很大的成长空间。*

❖ *要看行业类别和公司壁垒，如果这些公司5年或者10年之后被新公司替代了，那么什么时候卖出可能都是对的*

❖ *精选具有寡头特征的行业和龙头公司才是最重要的。*

❖ *具有高倍率、快消属性的龙头公司往往具有永续现金流的特点，如果它的产品是相对容易涨价的，那它就容易抵御通胀的风险，它的泡沫是时间可以消化的。*

❖ *如果2030年光伏产业主导了全球的能源市场，这可能就是让美元走向衰退的最后一根稻草。*

❖ *我们认为中国5年后不排除出现负利率的可能，所以过剩成为必然，“越白越贵”不是一个阶段的特点，它几乎会成为永恒。*

收益率预期影响估值

姚振山：很多人觉得2020年因流动性带来的估值提升行情可能会在很大程度上影响2021年，估值肯定要整体往下走，因为流动性在收缩。还有人认为，在2020年机构抱团的这些行业，有可能在2021年有很大的分化。关于流动性的问题，你有什么看法？整体估值水平会不会有很大变化？

刘明达：主持人一上来就把最难的课题抛出来了。回顾历史，我觉得我可能不是回答这个问题的最好的嘉宾，但是我应该是能回答这个问题的嘉宾中的一个，因为我们在2014年就提出了“蓝筹稀缺”这一概念，我们应该跟紧市场重仓龙头股，2017年出现这样的行情，我至少提前了3年就已作出预判。美国2008年发生金融危机的本质其实是过剩，新经济之所以受到追捧，是因为传统经济在2008年就已经过剩了，这只是一个延续。从这个角度来说，新的产业，不管是新能源汽车还是以光伏的平价上网为代表的能源革命，我们应该看到它有一个长周期的机遇，当这些产业变成传统产业，或者说当太阳能变成主导的能源的时候，我们才能真正识别出来，它会不会形成泡沫，或者那个时候再去讨论这个泡沫会不会破灭。今天的这些投资者其实是在针对未来结果进行投资，从这个角度来说，新的产业离所谓“泡沫”破灭，还是很遥远的。当然也不能因为这个原因，就给这个行业中的每个公司巨大的估值，这可能有非理性的成分。我们在这个产业赛道上，具有了领先的竞争力，或者已经区别于其他竞争对手，这些公司在未来很长时间内都会成为长牛股，并不是所谓泡沫。美国纳斯达克泡沫在2000年破灭了①，但是产生了亚马逊、谷歌、苹果这样的大公司。实际上这一赛道有一个超长的周期。

姚振山：很多研究机构说2020年因为疫情，各国货币发了不少，所以流动性提高了这些公司的估值。2021年，如果货币恢复正常化，估值会整体下行，所以很多股票的走势可能不会特别好。从你的角度来说，只要这类公司在未来的新经济或者是好的赛道上，其实它高估值的状态会在一定的时间内——可能这个时间是5年或者是10年——成为一个常态，对吧？

刘明达：我用一个例子来解释，比如海天味业最高的时候接近100倍的动态估值，但如果仔细看就会发现，海天味业主要的流通股东不是国内的资金，而是海外的资金。海外机构的立足点是5年以后这个公司能否满足它的一个稳定现金流回报期望。如果这个例子不够有说服力的话，可以举另外一个机构投资者的例子，就是挪威的主权基金。实际上这个主权基金掌控的是老百姓的钱，投资行为是偏保守的，但是大概在5年以前，它发现投债券回报率太低了，于是几乎全部转向股票投资。最近我们重新统计发现，这

---

① 1992年美国经济复苏开启了一轮牛市。在牛市后期，由时任总统克林顿提出并上升为国家战略的发展互联网使互联网行业成为领涨板块。从1992年到2000年，纳斯达克指数从580点上涨到5048点。然而，1999年，美联储开始收紧因亚洲金融危机而放宽的货币政策，一年内6次加息。2000年纳斯达克泡沫破灭，多达210家美国互联网公司倒闭。

个基金投了差不多1万亿美金的股票，而不是债券，它的年化回报率是6%，这已经远远超过了它对资产回报率的期望。一般来说，这样的主权基金的长期年化回报率在2%～3%就已经及格了，但是它达到了6%，是非常好的结果。投资者如果以全球化的视野来看待这群投资者的需求就可以知道，好资产是不够买的。

姚振山：按照你这样来分析的话，这个估值没有一个顶吗？

刘明达：比如海天如果有10%～15%的增长，5年之后，动态估值在40倍左右是合适的，如果按照这个定价，到200倍可能就是泡沫；如果未来2年或者5年，全球主要国家的利率变成零，估值到了200倍可能也是合适的，所以估值的这个顶是和长期利率挂钩的。

姚振山：一是长期保持增长，二是有比较好的现金流，三是一个低利率的环境在全球已经形成，这些对它的估值提升可能都会有比较好的帮助。我最近一直在想一个问题，我们原来读证券市场教科书的时候读过基本的估值理论：若估值低于20倍，要看看这个股票是否有很大的投资价值；若高于20倍，就要注意风险了。但十几年下来，消费股30～40倍，科技股50～60倍，银行5～10倍，好像我们所掌握的基础估值体系、教育理念和体系，在2019年、2020年和现在完全被颠覆了，颠覆的结果就是我找不到一个方向，我不知道你对这十几年估值体系的变化有什么感觉。

刘明达：我们在实践当中也同样面临这样一个困惑，这就是为什么 2019 年我接受媒体采访时明确提出，蓝筹 100 倍，我们内心接受不了，但我们必须面对，这是由供需失衡造成的。不是我们国内的资金把海天味业买到这么贵的，而是国外的资金把它买到这么贵的，事实上我们发现即使海天味业这么贵了，他们也不卖，如果他们卖了，反而可能是他们在操纵市场欺骗我们。这些具有快消属性的龙头公司之所以能够给这么高的溢价，是因为快消品是容易抵御通胀的。通胀可能导致整个商品价格变贵，很容易转嫁风险，而适当提价反而容易抵御风险，这是长线投资者偏好买这些高估值的公司的根本原因。长周期总是能够抵御风险的。

姚振山：所以我想弄明白一个问题，类似于你刚才讲的全球最大的主权财富基金，比如挪威主权基金在降低它的收益率预期——可能它有 10% 的收益率预期的时候，它买股票不愿意买超过 50 倍估值的，但是如果现在收益率预期降到 5%、6% 的话，估值在 80 倍、100 倍的股票，如果是龙头且比较稳健，我为什么不能买，只是收益率低了一点而已，是不是跟这个有很大的关系？

刘明达：我的理解完全是这样的。

“越白越贵”的投资逻辑

姚振山：2005 年你搞了一个“傻瓜组合”，我记得里面的股票有茅台、云南白药、苏宁电器、上海机场、中兴通讯、同仁堂等，你说 3 年不调仓，结果 3 年时间，获得了 520% 的收益，

到 2020 年 9 月份，这个“傻瓜组合”的年化收益率超过了 26%。你在 2005 年提出“傻瓜组合”，在 2014 年提出蓝筹稀缺，在 2016 年说 A 股上市公司进入寡头时代，在 2019 年说“越白越贵”，我在想，从 2005 年开始，你的投资逻辑的变化，是基于你对 A 股市场还有整个中国经济的变化特点的判断，还是基于什么样的大的周期判断呢？

刘明达： 在 2005 年推出的 3 年不操作的“傻瓜组合”是一个模拟组合，10 只股票平均买 10%。我们很清楚，在股票市场，我们的习惯是不把这些公司看成一种资产，我们总是想着人会比市场聪明，涨得多了或者价格贵了，我们就去进行操作，规避风险，但事实证明，绝大部分时候我们是战胜不了市场的，所以我才推出了“傻瓜组合”。这也从另一个方面证明了市场是有效的，事实上，这些公司不是 3 年，是 15 年以来都远远跑赢市场。另外，它也是经济持续增长和消费升级的结果。在这样一个经济持续 15 年快速增长的过程中，中国在全球化、城市化中充分受益，老百姓有钱了，这就是这一方面的体现。

姚振山：为什么 2014 年的理念发生了变化？你讲蓝筹稀缺的时候，很多小盘股出现暴涨，比如安硕信息、全通教育，一两年涨了几十倍，但现在来看都一地鸡毛了，为什么那个时候没有把小盘股的概念很有前瞻性地提出来？

刘明达： 这段时间对于所有的股市的参与者来说都是特别重要的时间——市场已经产生了一个巨大的泡沫。你刚才讲的那些公司，虽然能够产生稳定的现金流，在业务上也无法证明它没有竞争力，但现在已经看不到它有业务存在，已经成为纯粹的资金对概念的追逐，所以不可持久。正因为我们看到了这样一个完全是脱实入虚的资本泡沫，我们才强调应该拥抱蓝筹股，拥抱价值，所以我们才躲过了资本泡沫的风险。投资人始终要考虑投资的公司组合的长期的价值链。

姚振山：从结果来看确实是这样的。熊市里好找股票，可买的标的不多，买来买去就是蓝筹股，这也使得蓝筹股比较稀缺，所有的资金都追逐它们，所以这类股票的走势就比较强一些。因为2016年、2017年的行情，还有熔断[①]等的影响，2018年的市场比较低迷，我们观察到一批龙头，比如亿纬锂能、爱尔眼科、智飞生物、福耀玻璃、三一重工等公司，好像都是穿越了牛熊周期，越走越好，整个资本市场都开始找寡头了，找这些在市场竞争当中能证明自己越来越牛的企业，是这样吗？

刘明达：因为我们在经历2015年泡沫化的过程当中得到了教训，所以我们建立了全球化的视野。外资虽然不是我们这个市场的主导者，却给我们带来了一个全新的开放的视野，相关公司，表现突出的公司，也更多地专注于自己在行业里的专业经营。

姚振山：你在2019年提出“越白越贵”，站在今天这个时点上，确实白的越来越贵。往后越来越贵的是哪些行业？能否指

---

① 熔断：一般指熔断机制。熔断机制（Circuit Breaker），也叫自动停盘机制，是指当股指波幅达到规定的熔断点时，交易所为控制风险采取的暂停交易措施。

点一下在2021年或者未来几年投资的时候该买点啥?

刘明达:我要先澄清一下定价问题，我并不是说龙头公司未来有200倍市盈率就都是合适的，我想强调的是，具有高倍率、快消属性的龙头公司往往具有永续现金流的特点，如果它的产品是相对容易涨价的，那它就容易抵御通胀的风险，它的泡沫是时间可以消化的。如果是制造业的公司，就不能维持很高的市场份额。比如3年前某公司占有行业50%～70%的市场份额，结果竞争格局变了，我们就要看行业格局是不是能够保持稳定，这些都是专业研究的范畴。这是一个基本盘，我想强调的是，如果一些大型公司未来具有巨大的商业发展空间，我们就说这些公司具有很强的生命力，基本不会有太多的竞争者占有太多的市场份额。比如光伏产业现在进入了一个平价时代，我们整个团队花了很多工夫进行深入的产业链研究，我们基本上可以判断出来，现在每度电发电成本大概是0.3元，到2025年基本上每度电的发电成本会降到0.2元，甚至低于0.15元，如果真的是这样，太阳能一定会主导全球能源。可能商业规模需要时间来扩展，但2025年以后，甚至不用到2030年，太阳能在全球的能源地位就将超过历史上石油的市场地位，它就会产生超级大的产业价值，那么这个时候你该关心的就不是现在的估值，而是这个产业有多少商业价值，这个时候我们要用市值来评估，而不是用市盈率来评估。我们大概估计了一下，这个产业的商业价值在5万亿～10万亿人民币之间都是合适的。

姚振山:实际上目前A股中类似的龙头，比如隆基股份、通威

股份，还有进入这个产业领域的公司，只要保持住核心竞争力，未来的市值空间都很大，拿产业的价值和市值做匹配的话，这些公司现在还是小公司，是这个大逻辑吗？

刘明达：你说得太好了。我想澄清的是，作为基金经理，我不能对你刚才讲的具体公司做一个确认，但如果它们能占据行业龙一、龙二、龙三的位置，我们对它们的资产进行适当配置，可能会笑到最后。其实我们也不知道谁一定会是龙一或者龙二，但是如果我们把这个行业的龙头的前几名都做一个资产配置，我们就可能会笑到最后。

我把光伏拿出来讲，听起来好像这个行业弄了很多年，也有很多公司，如无锡尚德、江西赛维相继都倒了，今天我之所以会把这个行业拿出来着重讲，是因为这个行业已经到了一个成熟的、大规模的、商业化的阶段，是一个成熟的行业。

姚振山：成熟的行业里面优质的龙头公司更多。

刘明达：这也是我们一贯的投资风格，只有当一个行业变得成熟了、确定了，我们才会去考虑深度研究它，并重仓投资它。

姚振山：你们在观察这个行业的时候，如果从风险的考量还有收益的匹配上看，刚刚进入成熟状态的产业，是不是就是你们重点投资的领域？

刘明达：不仅仅行业的商业化要成熟，行业格局也要相对稳定。以光伏产业为例，它整个产业链都是中国的公司主导的，所以这是一个了不起的商业机遇、特殊机遇。如果2030年光伏产业主导了全球的能源市场，这可能就是让美元走向衰退的最后一根稻草。能源革命会让世界的货币重新回到一个相对正常的状态，这是一个了不起的事件。

姚振山：除了光伏之外，你们下一步看好的产业里，有哪些重点或者比较突出的？

刘明达：尽管消费龙头公司已经很贵了，当然也不排除央行适当地收紧货币——我不认为央行真的会收紧货币，但是它会在合适的时机踩刹车。比如在经济恢复得比较正常的时候，央行一个季度在货币上踩一次刹车，所以我觉得这些公司回调20%也正常，而每次回调都是投资这些龙头消费公司的好机遇，因为中国2025年—2030年一定会从一个制造大国变成一个制造强国，也就是创新主导整个未来经济的推动力，那么走出去会成为必然，这些中国消费品品牌也会走向世界。我不仅仅会学习巴菲特这位大师的价值投资理念，也会分析他的一些失误，比如耐克走向全球，走向大众化时，巴菲特在这一关键的时候把它抛了，而耐克这几年的涨幅实际上超过了10倍。所以我们一定要站在全球化的视野下看竞争力的机会，中国的机遇不仅仅在消费品公司上，制造业龙头公司也有很大的成长空间。

姚振山：大家经常讨论基金抱团这个事情，基金抱团以后会不会成为常态？

刘明达：我们半年以前统计A股后面50%的公司的市值时，发现其市值大概占 A 股总市值的 26%，这是什么意思呢？这半年它们跌了一半，在这种情况下，A 股后面 50% 的公司跟美国的相比占比还要高 3 倍，其实不是小公司市值小了，是占比更低了。如果看到这个冷酷的数字，你就不会说这些公募基金喜欢抱团了，因为这是自然的选择。据我们观察，公募基金对海天味业的持仓一直偏低，所以它是一个自然选择的结果，不是抱团。但是我强调要看行业类别和公司壁垒，如果这些公司 5 年或者 10 年之后，被新公司替代了，那么什么时候卖出可能都是对的，精选具有寡头特征的行业和龙头公司才是最重要的。

姚振山：会不会是这样一个结果，A 股未来的上涨，包括推动指数的上涨，可能也就是靠 10% 或者 20% 的企业呢？从投资理念上来讲，如何把这一类企业找出来？

刘明达：对于专业的基金经理和分析师来说，首先是从行业的市场份额入手去寻找。一个行业如果形成寡头格局的话，领头的三五家公司占据的市场份额可能会接近 50%，互联网行业更为明显，三五家公司占据了行业 70% 以上的利润。有很多小公司不赚钱也很难赚钱，像腾讯、阿里这样的公司，尽管也面临着竞争，但是它们的盈利模式、盈利稳定性和长期性是毫无疑问的。

姚振山：买龙头、大市值公司或者寡头公司肯定是对的，但是任何一个大公司都是从小公司成长起来的，包括苹果、特斯拉。你们研究团队包括你本人在判断未来能成为特斯拉、苹果的这一类公司会出自哪个行业时，你们认为哪些细分行业机会

更大？是从收益率倍数角度看，买一个相对市值小一点的公司，还是买一个有5年或10年确定的发展空间的公司？

刘明达：因为传统的制造业、服务业早已经完善了，它们的服务功能借助互联网平台有了很大程度的提高，所以从太小的公司里去寻找机遇非常困难。作为专业投资者，我们更强调在一个确定性的商业空间里寻找机会，比如互联网社交。微信在我们这一代人中要被替代比较困难，这个时候我们会寻找下一代，就是“00后”甚至再往后一代人的努力才有可能产生一个新的社交服务平台。就好像苹果公司的产生是因为比较早地抓住了移动互联网时代的机遇，所以我们一定要看到时代的迭代给我们带来的机遇。过去汽车是西方人主导的，未来因为产业链和综合的市场原因，中国的汽车公司可能会真正拥有世界级的品牌，所以不是非得找一个50亿、100亿的公司，让它成长到1000亿、10000亿，而是要从几百亿、上千亿的公司中去寻找未来的十倍股。

姚振山：比如宁德时代上市之后，市值最低的时候是1500亿，现在有八九千亿了。还是刚才的理念，产业空间决定了有潜力的龙头公司的市值空间，产业空间是选股或者选择优质公司的基础和前提，这是不是你的选股标准？

刘明达：基本上是这样，不能抱太多的幻想，必须看到行业积累的基础。

低利率、工程师红利

姚振山：我看了你们的总结，中国经济经历了 4 个大时代，短缺时代从 1978 年到 1994 年；过剩经济时代从 1994 年到 2015 年；结构调整时代从 2015 年到 2019 年；低利率时代从 2020 年到 2025 年。你的股票买卖或者选股的逻辑和这个相关吗？

刘明达：过去 10～15 年，已经进入过剩时代，伴随着低利率时代的到来，未来 5 年，全球化低利率是必然的。我们认为中国 5 年后不排除出现负利率的可能，所以过剩成为必然，“越白越贵”不是一个阶段的特点，它几乎会成为永恒。

姚振山：你的整个投资逻辑的演变和中国经济及资产的时代变化是密切相关的吗？

刘明达：毫无疑问，如果冷静地看整个居民的资产结构，就会清楚，为什么房价涨得这么高，我国房地产的整个价值可能超过欧洲、美国总的市值。这样比较起来，贵的股票资产也是便宜的。

姚振山：在 2020 年到 2025 年的低利率时代，大消费和光伏产业链有机会，除了这两个行业之外，你还在关注哪些行业？

刘明达：我们通常把互联网也当作消费属性的行业，如果细分的话，娱乐行业，包括音乐、游戏等，在未来人们的生活当中会占据更重要的地位，当然这跟整个互联网的连接和智能化息息相关。它是一个系统，不是一个孤立的产品或者公司，它是平台化的。智能化时代、娱乐化的社会都会提供非常丰富的机会，它们都是大行业，而且会形成大平台。

姚振山：有一个我特别关心的行业问题想跟你多交流一会儿，半导体作为硬科技的代表，未来几年是半导体芯片产品端大年，还是设备端的大年？我自己的判断可能是设备端的大年。因为我们讲究自主可控，讲究硬科技的技术突破，我们也讲自力更生，以前可能因为半导体设备是国产设备，很多企业你看不上，认为它的工艺、精度不够，国产设备能不买就不买，那么未来几年会不会变成进口设备能不买就不买？如果这个逻辑成立的话，半导体产业未来在设备端会不会迎来一个大的周期？

刘明达：中国其实已进入到一个工程师红利的时代，我们有全世界最多的工程师，关键是我们还有最勤奋的工程师，我们的工程师可以连续 7 天，每天工作 12 小时，欧美工程师是做不到的。我想说的是，其实欧洲人和美国人不笨，如果我们自己能做得出来，那么他们可能会在我们做出来之前，就把这个设备便宜卖给我们。所以我们要着眼于我们在半导体上的技术创新，如果我们有不同于欧美的半导体的新技术路径，我们就超越他们了。这考验的是我们优秀的分析师能否去挖掘半导体行业的创新智慧，而不是简单地去追随欧美的技术路线，因为这样的话，空间就是有限的。

姚振山：最近工信部组织了八九十家公司，讨论能不能建立我

们在半导体芯片各个方面的国家标准和技术标准，可能这就是你刚才观察的维度——我们能不能有自己的技术路径和逻辑，建立我们自己的体系。你有30年的投资经验了，你自己也是基金经理，你个人在投资上偏向选什么样的行业或者公司？

刘明达：我更喜欢具有消费服务型属性的公司，而不是片面地去追求成长性。消费服务类公司具有稳定的现金流，而且具有极强的透明度，很容易去识别。

姚振山：消费服务类是你个人比较偏好的。能不能给我们讲一下消费服务类公司的选股或者研究公司的体系、逻辑？

刘明达：除了我们熟悉的品类，比如茅台——我不是推荐茅台，我只是说人们的偏好，很多人都知道茅台很赚钱，但是抗拒它，觉得它贵；有些人错过茅台，是因为茅台酒喝得少，对它了解不够。大部分投资者应该更多地去观察，观察这些公司的产品和服务，这样的话，心里就有底了，即使被套路了，心里也踏实，这样才能拿得住。一定是容易了解和观察的领域，又有稳定的现金流，稳定的客户，才容易发现机会，也就是要满足需求属性，这是最重要的。

姚振山：第一是你自己要熟悉这个领域，熟悉消费品；第二个是要有稳定的现金流。比如有些人喜欢喝酒，就看白酒；有些人喜欢吃调味品，就看榨菜或者海天。还要有稳定或者好的现金流，经营性现金流一定要好。

刘明达：就是要观察到这些广泛、稳定的需求。对于我们来说，在这个时点投资未来的消费公司，我们需要和年轻人多沟通，知道未来年轻人的需求，这样的话，我们就可能更早地抓住一些机遇。当然，我并不是说这些传统的消费公司过时了，而是说我们要去发现更丰富的机会。

姚振山：我问过年轻人现在关心的，有两个行业非常典型，一个是盲盒，比如泡泡玛特，一个是电子烟，比如悦刻。上周悦刻一上市，新的中国女首富就出来了，3 年时间，一个电子烟品牌做到这种程度，确实令人感慨。这些都是现在年轻人比较关注的新消费。你有没有关注新消费？

刘明达：不仅仅你说的这两家公司，像 B 站（哔哩哔哩）这样一个年轻人的平台，我们也都在关注。

主持人手记

作为国内第一代私募基金管理人，作为投资界的老将，刘明达一直“与时俱进”，奋战在投资一线。他的“积极价值投资”的理念，在市场低迷时候取得过骄人战绩；他喜欢做产业空间与市值的匹配研究，他会在观察一个行业的积累过程后，在一个行业商业化刚刚成熟，产业格局相对稳定的时候再去寻找优质公司。在确定性和成长空间里面寻找最优标的的这种投资逻辑，让真正的价值投资者受益匪浅。而且，足够长的投资经历，让他能够用更宽阔的视野去观察和总结股票市场演变的大格局，无论是判断“蓝筹稀缺”，还是“越白越贵”，还是对收益率预期影响估值的体会。也许真正能够穿越牛熊的投资者，需要具备足够长的投资经历和定期总结的良好习惯。

突发奇想，想成为投资大师，看来要活得足够长，这句话一方面是讲在市场上要活下来，不能中途被市场淘汰，另一方面又提醒我们要有健康的体魄，寿命要尽可能长。

PART

10 共享价值投资的最好时代

张 琳 vs 东方港湾董事长 但 斌

但 斌

东方港湾董事长

深圳东方港湾董事长、基金经理，中国私募证券投资基金专业委员会14位委员之一，代表作《时间的玫瑰》。但斌拥有29年投资经验，历任君安证券研究员、大鹏证券资产管理部首席投资经理，2004年创建东方港湾。他对于价值投资有一种执念，只追求长期绝对收益，从不与市场指数进行短期赛跑，因此被看作是喧嚣市场中的一个孤独的另类。从A股到港股再到美股，一直聚焦全世界主要市场的好公司，2020年东方港湾在国内市场的管理规模已经超过两百亿元，他钟爱的标的有茅台、腾讯、特斯拉等。

但斌享有私募荣誉“大满贯”：2017年获“三年期金牛私募股票策略投资经理（股票策略）”和“最佳人气金牛私募基金经理”两座金牛奖。2018年获“一年期海外金牛私募投资经理”金牛奖。2019年获“三年期最佳私募投资经理”英华奖。2020年获“五年期最佳私募投资经理”英华奖。2019—2020年，东方港湾连续两年获评“五年期金牛私募管理公司”金牛奖及“中国私募基金综合实力50强”英华奖。

❖ *重大的危机都孕育着重大的历史机遇，资本市场几乎都是危机的最终受益者。*

❖ *中国改革开放到了这一步，市场已经是双向开放的了。我们现在的投资者应该整合国际视野，来看待当下的中国市场。*

❖ *人和人之间的差异并不大，真正的差异是在历史关头，你到底相信什么。你相不相信自己的国家更有未来，对投资是非常重要的。*

❖ *每个人一生当中只要能够抓住十次重大的历史性机会，这一生就会非常精彩；如果你让摆在面前的机会溜走了，就会抱憾终生。*

❖ *聆听大地脚步细微的变化，是每个投资人所应该做的。*

❖ *超额收益源于改变世界的公司，如果你能够更早地看到这些改变世界的公司，能够跟这些改变世界的伟大企业家共成长，就会有一个不一样的未来。*

❖ *任何一个市场上的好公司不超过一百家，剔除最好的这一百家，大多数公司都相对平庸。*

❖ *当某个企业和国家、民族命运相连，最后成为全世界认知的图腾符号，这种企业就容易长存。*

❖ *价值和成长一定是有机的，绝对不能割裂。考虑任何问题都应该自下而上，要把眼光放在未来，构成财富的真正基石是发现伟大的企业。*

❖ *投资比的是思考的极限，你要比别人看得远、看得准、敢重仓、能坚持，这些在投资中是缺一不可的。*

❖ *价值投资是世界性的，现在全世界的商业模式都在向头部企业集中，“大象也在跳舞”，规模就是取胜的标志。*

❖ *基金的净值是有记忆的，它会反映我们的变化和迭代，直到缔造出一个很了不起的投资奇迹。*

❖ *投资一部分是科学，一部分是艺术，艺术的部分就要靠天赋，或者说是敏锐的洞察力、与生俱来的风险控制力、超强的识人能力等，这些是世界顶尖的投资家身上的共性。*

❖ *如果真的是经过深思熟虑后作出的选择，真正好公司的股票不应该有卖出的那一天。*

❖ *正常情况下千万别想逆向投资，逆向投资是在历史关头才会有的做法。*

❖ *资本市场从来都是慷慨的，但它只善待拥有智慧和善于利用他人智慧的人。*

大危机孕育着大机会

张　琳：2020 年的今天（2 月 2 日），市场正在陷入恐慌，我记得您当时就很镇定，而且不断加仓。到了年底，你又判断说中国资本市场到了起飞的时候，长牛、慢牛正在开启，A 股市场最伟大的时代很可能即将来临，而且这个时代会持续二三十年。你此前经历过的牛市一般也不过两年时间，为什么现在能一下看到二三十年？判断从何得出？

但　斌：重大的危机都孕育着重大的历史机遇，资本市场几乎都是危机的最终受益者。1918 年西班牙大流感和这一次的疫情很相似，当时全世界只有 16 亿人口，仅欧洲就死亡 1700 万人。然而谁也没想到资本市场会从 1918 年一直涨到了 1929 年，直至再次发生危机，整整大涨了 11 年。2020 年也是一样，疫情突如其来的时候，全球央行都在不断注入巨大的流动性，这么大的流动性一定会对资产有强劲的推动作用。如果站在未来 10 年或 20 年的角度去判断的话，这一次可能比 2008 年金融危机时的推动力还大。

另外，中国资本市场经过 30 年的发展，已经从幼年时期成长到了壮年时期，对社会发展发挥着枢纽性的关键作用。假如说房地产能带动 100 个行业的话，资本市场规模从 80 万亿发展到 600 万亿，对各行业的发展和推动的作用力度更大、更全面。而且经过 30 年的发展，资本市场底层的一些制度安排已经发生了很大变化，比如开始实施注册制，以及对 IPO 造假、操纵市场的严惩，公募、私募等机构大发展等。种种迹象表明，即将到来的这个时代，很可能会作为一个大的历史时代展现在我们面前。我在很多年前就说过，只有注册制到来的那一天，才有可能是 A 股长牛、慢牛的开始。

我们还可以看看 2020 年世界五百强的榜单，中美两国的企业上榜数量几乎是一样的，虽然在内涵上还有一点差异，但毕竟中国走出了万里长征第一步。另外，从国际专利的申请量来看，2019 年中国第一次超越美国，成为全世界专利申请量最多的国家。这些都是中国取得的进步，在进步的过程中，很多行业的细分龙头表现得十分出色，中国的顶级公司未来会成为全世界的顶级公司。

与此同时，中美贸易战也提醒了我们，很多领域还存在“卡脖子”的问题。随着资金的大量投入，加上中国人的勤勉努力，我相信中国的很多行业在未来的二三十年中，都会有很大的发展，而这些都会给投资人带来非常好的机会。

张　琳：大危机孕育着大机会，但大危机也对应着非常规的手段，比如你刚才提到的流动性问题，特殊时期的特殊政策能够带来长久的表现吗？一旦政策转向市场会发生什么变化？

但　斌： 我们是自下而上选择具体公司去做组合投资的一家公司，不是特别关注宏观方面的变化，也不会去关注短期的变化。在过去资本市场两百年的变迁中，有一本很好的书——《投资者的未来》，里面提到两百年前的 1 美元到书出版时变成 7 美分，现在是 4 分钱了。美国过去 7 年印的钱是过去 200 年之和。所以说货币政策放水，货币贬值是一个长期现象，在历史上是很常见的，但并没有改变长期的趋势。

我们现在的资本市场是和全世界连在一起的，在全世界流动性泛滥的情况下，国际投资者很容易算出来人民币汇率的变化趋势。这个时候买入中国的一些好公司，有一定的派息率，还可能有比较稳定的增长，所以外资在持续流入中国。而且在疫情期间，甚至是中美贸易战期间，我也问过美国的同行，发现他们并没有想过要卖出中国的相关企业，因为放眼全世界，像中国这样稳定发展的国家并不多。

现在的市场操作还是要放在全球背景下进行，中国改革开放到了这一步，市场已经是双向开放的了。我们看到资金源源不断南下的同时，也要看到外资进入中国市场的步伐同样坚定不移。我们现在的投资者应该以国际视野看待当下的中国市场。

张　琳：如果不关注宏观经济的变化，怎么判断基本面呢？难道真的像有人对你的评价一样，去“赌国运”吗？

但　斌：我不是经济学家，作为一个基金经理、一个实践者，我做价值投资时，都把巴菲特当作榜样。我在 2007 年出版的《时间的玫瑰》中也写过一句话：“巴菲特之所以伟大，不在于他在 75 岁的时候拥有了 450 亿美元的财富，而在于他在很年轻的时候就想明白了很多道理，然后用一生的岁月来坚守。”

他从 1957 年 27 岁时开始真正做私募基金，到 1981 年 51 岁的时候成为亿万富翁，这中间的 24 年做投资的决策背景是非常复杂的。他经历过越南战争和“美国梦破裂”的岁月——达里奥先生写的《原则》那本书里描述的美国年轻人反战，经历过肯尼迪被刺杀后的股市波动，经历过古巴导弹危机，还有两次石油危机和七次中东战争，1964 年—1981 年的“滞涨期”，漂亮 50 泡沫破裂……无论经历过什么，他始终屹立不倒，为什么呢？就是因为他相信自己的国家会变得更好。

2020 年疫情发生的时候，我写了很多微博，劝大家要冷静、理智，不要那么恐慌。我主张 2 月 3 日准时开盘，尽管当时一开盘三千只股票出现跌停，我们新成立的基金，我还是选择了全部买进。我记得那天晚上我发了很长的视频，告诉大家要相信政府的执行力，相信在两个月内，疫情能够控制住，之后的行情变化大家都看到了。人和人之间的差异并不大，真正的差异是在历史关头，你到底相信什么。你相不相信自己的国家更有未来，对投资是非常重要的。

我从业 29 年来，抓住了部分机会，但是有很多机会，从我身边流失了。每个人一生当中只要能够抓住十次重大的历史性机会，这一生就会非常精彩；如果你让摆在面前的机会溜走了，就会抱憾终生。华尔街曾流传这样一个故事：一个人在股票上赚了 100 倍，但是很郁闷，跳楼自杀了。这是为什么？因为他只买了 100 股，其实是辜负了这个伟大的时代赋予他的机会。

投资是小概率中的大概率事件

张　琳：在 A 股行情可能持续二三十年的伟大的时代中，哪些

行业会有非常确定性的表现？

但　斌：中国正在经历一个非常伟大的时代，过去42年的改革开放经历了三个时代：摩根时代、巴菲特时代、互联网时代，未来很可能还有人工智能时代、人脑联机时代、基因编程时代。

中国人的学习能力很强，可以用很短的时间，重塑过去一百年、两百年的发展历程，具体到行业的选择也是如此。从我们多年的实践总结来看，机会集中在五个行业上：互联网是主要方向，此外还有消费、医药、教育和高端制造。中国人均收入目前刚刚突破1万美元，等到我们的两个“百年梦想”实现的时候，人均收入可能会达到3万美元。这个过程就会有很多细分的机会，比如医美行业、医药、医疗器械、饮料、烟草、食品加工、家用电器、专用化学品、计算机、半导体、蒸馏酒、教育、新能源等，这些都会有非常好的未来。我们希望自己投资的公司最好是能够沿着45度斜线增长的行业，它们相对来说比较确定。

张　琳：你一直在说只投两类公司，一类是世界改变不了的，一类是改变世界的。具体该怎么找到这两类公司？

但　斌：世界改变不了的公司，大家比较容易理解，就是有很强护城河的公司，其中有很多都是传统公司，大家比较容易找到。改变世界的公司怎么找呢？我举一个例子，20世纪90年代末，互联网泡沫破裂的时候，我动员一个朋友拿100万美元，去买当时在美国上市的三家中国互联网公司。我说我们将迎接一个时代，钱打到美林证券，美林证券的客户服务经理建议我这个朋友不要买这三个企业，怕企业破产，因为它们的价格曾一度跌到

1 美元以下。事实上，这三家公司到现在也没有破产，其中最好的一家甚至涨了三千倍。当你能够投资到改变世界的公司时，就会有这样的结果，迎接一个时代的结果。传统手机向智能手机转化，传统汽车向智能汽车转变，都是迎接一个新时代的到来，关键是他们临近的声音我们能不能更早地聆听到。

聆听大地脚步细微的变化，是每个投资人所应该做的。超额收益源于改变世界的公司，如果你能够更早地看到这些改变世界的公司，能够跟这些改变世界的伟大企业家共成长，就会有一个不一样的未来。

张　琳：你还统计过，在过去 100 年里，五百强企业到现在只存活下来了 3%，在你划分的两类公司当中，又该怎么找到那些能一直存活下去的 3% 的好企业？

但　斌：任何一个市场上的好公司不超过一百家，剔除最好的这一百家，大多数公司都相对平庸。过去十几年，美国市场上涨得最好的也就是脸谱、亚马逊、谷歌、苹果、微软、奈飞等一些公司。同样，如果我们聚焦中国市场上最好的一百家公司，会发现它们也走出了波澜壮阔的大牛市。所以说投资是小概率中的大概率事件，3% 看似很小，但用本源分析思考的话，很可能变成大概率事件。我们主要还是看商业模式、行业空间、行业特征、盈利能力，以及企业的竞争力、企业文化等。

在过去几百年间，全球出现过诸如黑死病、西班牙大流感、第一次世界大战、第二次世界大战和其他很多危机，很多企业在这个过程中倒闭了，但有一个行业非常特殊——酒类，一直屹立不倒。全世界最古老的 16 家公司中有 5 家是酒类公司，酒类的生命周期非常长。决定人类历史或者某个国家、某个民族命运的是文化、风俗、传统、宗教，在这个过程中，有些商业模式特征一旦形成后，就很难改变了，可能会延续 100 年、1000 年，除非这个民族消亡或者出现难以想象的巨变。当某个企业和国家、民族命运相连，最后成为全世界认知的图腾符号，这种企业就容易长存。比如法国奢侈品牌爱马仕、勃艮第红酒、百达翡丽手表，还有我们的龙头白酒品牌，甚至中药龙头企业，都是逐渐从国家品牌、民族品牌变成了世界品牌，很难倒闭。

刚才说的这些都是世界改变不了的公司，改变世界的公司也有一些很深刻、很新颖的变化。如果说过去一个企业的生命周期是抛物线形的话，传统经营风险型行业或者杠杆类企业一旦碰到危机，生命周期就结束了。但是现在互联网平台类的企业，它的成长轨迹可能就不是一个抛物线形状，而是一个矩形或梯形结构，它们长成大公司的速度非常快，抛物线顶端持续时间比传统企业要长，很难被击垮，直到新的商业模式出现。这类公司的估值模型和传统估值模型完全不一样，如果以价值、安全边界等传统概念定义新时代的一些企业特征的话，就会非常遗憾地错失一个又一个伟大的公司。这个时候投资者要细心观察各种变化，从一些基本的理念和逻辑，找到这些好公司。

张　琳：那就是要基于基本面、价值和成长周期，那技术分析还需要考虑吗？

但　斌：在我做《君安财经快讯》与《国泰君安财经快讯》市场

分析主笔的时候，每天都要写市场分析，那时候我就感觉要把技术分析放弃掉，因为它基本上没有价值。过去20年，上证指数从2000多点涨到现在的3000多点，白酒公司的涨幅有几百倍；过去十几年，港股几乎没怎么涨，但互联网公司涨了几百倍、上千倍。所以我认为技术分析的意义不大，除了几个量化投资机构，没有一个基金是靠快进快出、跳过来跳过去地交易成为赢家的。巴菲特和芒格说过，笃信价值投资的流派都变得很富有，而我身边曾经做技术分析的，都没有太好的结果。

价值和成长一定是有机的，绝对不能割裂。考虑任何问题都应该自下而上，要把眼光放在未来，构成财富的真正基石是发现伟大的企业。

投资是比思考的极限

张　琳：一个好公司的估值该怎么衡量？

但　斌：很多商业模型都是有估值的，以新能源车龙头企业为例来做一个分析。该龙头企业CEO在2020年立下了一个“小目标”——年产2000万台电动车，假如这个目标和他之前的预言一致，最终实现了，意味着什么呢？意味着无人驾驶将成为必然。2000万台汽车，如果逐月收取无人驾驶系统的服务费，一台车100美元的话，这是多少钱？如果一次性定价1万美元卖软件的话，即使未来不靠卖车赚钱，它一年能赚多少钱？苹果公司2020年靠App获得的收入就超过500亿美元。除了估算公司的最终利润，最关键的是这类企业的商业模式在从重资产向轻资产转变，模式一旦确立，就很可能会成为全世界市值最大的公司、盈利最高的公司。

当然，技术的进步和迭代速度是非常快的，问题是你相信不相信它未来的可能性，如果大多数人相信，并给它合理的假设，它的估值甚至能够突破终极估值，那现在到底是便宜还是贵，就一目了然了。投资比的是思考的极限，你要比别人看得远、看得准、敢重仓、能坚持，这些在投资中是缺一不可的。

张　琳：也就是说这个估值其实是动态调整的，需要我们不断地验证这家公司的商业模式和未来的发展前景？

但　斌：那当然。《时间的玫瑰》2007 年第一次出版，2018 年再版，透过它我们就可以看到这 10 年间的变化。这本书上谈到的企业家，可能 90% 都离开了他们的公司，但书上谈到的公司，没有一家出问题，90% 都创出了历史新高。未来 20 年或者更长时间，这些伟大的公司可能会不断地变好。

张　琳：谈到估值问题，白酒是一个绕不开的话题。什么样的可能性在支撑它的高估值？

但　斌：经常有人说，“难道中国的崛起靠一瓶白酒吗？”我认为这样的言论，不太符合事实，有些人对白酒行业特征的理解有问题。2019 年，我去美国西雅图调研了四家企业：星巴克、波音、亚马逊和微软，这四家公司代表了不同的发展领域——星巴克代表消费类公司，波音代表工业文明皇冠上的明珠——顶级制造业企业，亚马逊代表互联网平台类企业，微软则代表科技的巅峰。中国的崛起一定是普遍意义上的崛起，不可能局限在某一个行业。龙头白酒公司代表的就是消费类赛道的崛起，这也是中国经济崛起的象征，改革开放40多年来，各行各业发展很好，老百姓富裕了，人们才有钱去消费，去买好东西。

我从业29年，有20年以上的时间上证指数在3000点以下，而从2001年算起，几家龙头白酒公司从上市到现在过去了19年，这几家公司涨了几百倍。到底是什么原因促使它们涨了这么多呢？企业特征摆在那里——毛利率70%～90%、低库存、高净利润、有品牌。

张　琳：如果说一线白酒有壁垒的话，二三线白酒借机抱团炒作的可能性会不会大一些？

但　斌：总的来说我不太认同。白酒行业品牌化、高端化的趋势越来越明显，消费者也越来越富裕，购买能力变强了，自然给二线白酒带来了机会，这难道是抱团取暖吗？还是要具体问题具体分析。

做投资不能以短期视角看问题，我为什么不认同“抱团取暖”这个概念？如果一个公司出现问题或者业绩不好，你就是想抱也抱不住。价值投资是世界性的，现在全世界的商业模式都在向头部企业集中，“大象也在跳舞”，规模就是取胜的标志。所谓“抱团取暖”，就是我们一起要去找那些好公司，投资能够穿越时间河流的、能持续不断创造价值的、盈利更好的公司。

张 琳：你们的投资是怎么做到不踩雷的呢？

但 斌：还是自下而上不断地思考、学习的过程。我在 2008 年买了地产、银行、保险这些周期性行业，当时吃过大亏，以后我就反思，到底什么样的公司和行业是真正能够持续、稳定地让我们赚钱的。比如 5 块钱买进一家公司，50 块钱卖出，如果后面这个公司又跌到 3 块或者 1 块，即使我赚钱了，也要反思刚开始投资时的思考逻辑是不是对的。如果不反思，就算十次投资九次都赚了，赔一次也许就全都赔光了。当然如果 50 块钱卖出后，它持续涨到 500、5000，就证明你开始思考时的底层逻辑起点是对的，如果每次卖掉后，股票都能涨到更高的价格，你的视野就会不断迭代地往上走，你的投资能力就会随着年龄的增长而增强。

芒格说巴菲特 65 岁以后的投资技艺突飞猛进。要知道巴菲特从十几岁就开始做投资，而他也要做到每隔 5 年、10 年实现迭代进步。一个 90 岁的老人还在迭代，还在进步，我们更应该站在巨人的肩膀上不断地去学习和总结。

我们每隔一段时间要定期检索曾经的操作，基金的净值是有记忆的，它会反映我们的变化和迭代，直到缔造出一个很了不起的投资奇迹。

张 琳：具体来说，像暴风影音、瑞幸咖啡这些曾经的资本宠儿，你是怎么在事前就看出这些公司可能会是今后的雷区呢？

但 斌：如果一个公司的基因有问题，一眼就可以看出来。投资一部分是科学，一部分是艺术，艺术的部分就要靠天赋，或者说是敏锐的洞察力、与生俱来的风险控制力、超强的识人能力等，这些是世界顶尖投资家身上的共性，所以他们很少犯错。

好企业应当长期持有

张　琳：你们的换手率似乎一直很低，什么情况下会主动调仓？

但　斌：对，我们的换手率一直非常低，2004—2007 年的时候只有 7%。但是如果碰到像 2008 年、2015 年、2018 年的单边行情，或者股灾行情，就必须做风控处理，否则基金就会被清盘。所以我们只有在遇到极端情况时，尤其是遇到系统性风险时，才会选择做一些风险防范进行规避，正常情况下，我们基本上都是满仓操作，而且换手率极低。

张　琳：满仓操作？一旦买入就长期持有不卖出吗？

但　斌：巴菲特说，最好的投资就是永远不要卖出。很多人说"会买的是徒弟，会卖的是师傅"，这句话本身是错误的。假如说这个公司涨了 300 倍，当年用一个亿买进来，现在就是 300 亿，光是派息，每年就能派五六个亿，那为什么要卖出这只股票呢？就像是一只生蛋的鸡，为了吃肉就要把鸡杀了吗？市场上的很多理论是错误的。如果不是私募基金，我有巴菲特的商业模式，每年有保险金，再碰到 2008 年的危机时，我也不会走，我会继续买。投资原理是不能轻易改变的，基本的法则、思考的根基不能动摇，如果真的是经过深思熟虑后作出的选择，真正好公司的股票不应该有卖出的那一天。

张　琳：可是在这个过程中，人们的投资理念和赛道会发生新的变化，巴菲特2020年也会卖出金融股和航空股。

但　斌：所以要不断地迭代。最好去买世界改变不了的公司，这些公司可能200年、1000年都不会变，还有就是买改变世界的公司，它们可能会花上10年、20年、30年去改变世界，当你买的时候要从长期的视角去评估，基于长期的成长性买进，整个换手率相对来说就会比较低。我们的研究员前两天因为担心调整，就把他们自己选择买进的电动汽车龙头企业卖了，今天这只股票创了历史新高，他们反过来问我怎么办，我说把你们的显示屏都关了，不要让这些涨涨跌跌影响自己，把精力放在研究企业上，去和行业专家、企业家交流，思考这个企业有没有更好的发展。我们现在硬性要求他们的换手率必须低于一定数值多少，比如一年换手率不能超过2倍、5倍，让他们慢慢降低换手率。

张　琳：很多普通投资者很难坚定地长期持有。在当下的市场中，可不可以阶段性离开一些热门投资标的？

但　斌：对于普通投资者来说，不是阶段性离开，是每天都会有很多人离开。想卖出股票的理由太多了，吓自己太容易了，毕竟再好的公司都有弱点，但是我们要理解企业核心。坚持本身就是优秀投资人的品质之一，不坚守、不坚持，很难做出出色的成绩。但是，每个人的一生都很短暂，一定要在正确的方向上坚持，如果方向正确，坚持住了，皆大欢喜；如果方向错了，你又很执拗，结果可能不会太好。

我估计 2020 年的今天（2 月 2 日），大部分人都像热锅上的蚂蚁一样，担心第二天开盘就暴跌。到了 3 月份，美股连续熔断，全球市场更加恐慌，毕竟巴菲特在 90 岁之前只碰到过一次熔断，90 岁之后却碰到了四次。我在最恐慌的时候坚定买入，比如 900 多的新能源车龙头企业，我们非但没有卖出，反而又买了一笔。很快它跌到 600，又跌到 400，很多人在我的微博评论区嘲笑我，但我仍然持续买入。到现在短短不到一年的时间，它已经在 1 股拆成 5 股的情况下，又涨回 900 了。我觉得 2020 年是践行价值投资“贪婪时恐惧、恐惧时贪婪或逆向投资”思想最好的一年。

张　琳：除了价值投资，在当下的市场中怎么践行逆向投资？

但　斌：正常情况下千万别想逆向投资，逆向投资是在历史关头才会有的做法。2020 年初，疫情之下，我选择的是逆向投资，但正常年景哪有那么多逆向，老老实实过正常的生活就行了。现在是大时代的开始阶段，还要什么逆向，难道要跟大时代逆向吗?

为什么很多人没有成就，就是因为他担心这个，担心那个，在犹豫、彷徨、怀疑、忧虑中，把自己的一生蹉跎了。前段时间有一本很好的书，叫《奇点临近》。书中提及，人类社会正在出现指数级的变化，人脑连机、人工智能，还有基因编程正在蓬勃发展，可能以后人类会长生不老。改革开放 40 多年来，中国也发生了翻天覆地的变化，我经常出差，有时候几乎一天一个城市，我发现不仅北京、上海、深圳、广州、杭州这些大城市璀璨斑斓，连一些三四线城市都变得非常漂亮，这些都是中国的变化和机会，我们要用心聆听大地的声音。

在这样大的时代机遇下，你还选择逆向投资吗？不可理解。正常的生活，多么美好，奋斗就完了，无须忧虑。我在《时间的玫瑰》中写过一段话，也是这么多年来一直激励我的话："在我自己的国家里，40年的艰辛岁月告诉我——如果你真的有才华，有广阔的胸襟，愿意努力奋斗，不忌妒他人的财富，不无所事事，不整天抱怨自己的生活，不找理由逃避责任，就有可能改变自己的命运与现状。"

投资是学习的艺术

张　琳：我们最后来说几个可能让投资者困惑的事情，首先我们应该集中持股还是分散投资？

但　斌：曾经有一个理论说，大概投资七个公司就可以做到既分散风险，又做出业绩。在我的职业生涯中，我发现如果不适度集中持股，就很难有出色的业绩。全球基金业的传奇人物、最出色的投资家之一彼得·林奇自己总结过，如果扣除他的前十大重仓股，他的业绩也是稀松平常的。巴菲特或者现在公募基金中比较优秀的几个基金经理，也都是因为重仓持有一些优质股票，才会有现在的出色业绩。但我们毕竟是资管行业，重仓的同时还是要适度分散。我们的投资分散在了 A 股、港股和美股市场上的一二十家公司里，这样既能够适度分散，平衡各个市场的风险，又能够有一定的稳健度，还能够做出不错的业绩。

机构的仓位操作是有一定限制的，个人想超越机构也很简单，就是把所有钱都用来买最好的公司，两三家就可以，这会是不错的做法。

张　琳：很多人都说股市就像是一个赌场，在这里怎么区分投资和投机？

但　斌：投资一定是共享共赢，没有输家的游戏。为什么全世界所有国家都愿意大力发展资本市场？因为只有资本市场能够集合社会的力量，让好企业变得更好，这就是共赢。

把资本市场看作零和游戏，看作博弈关系，不是正确的价值观。我在《时间的玫瑰》中也写过一篇文章“庄家背后是什么”讨论坐庄问题。如果谁有十个亿，每次买一只股票，每次都赚一倍的话，坐庄十次就能获利一万亿，但现实中没有这样的人和机构，而且这种方式也不可能成功。所以投资就是投资，这是资本市场的本源逻辑，别从投机的角度去理解。我刚入行的时候看过《股票作手回忆录》这本书，作者利弗莫尔的一生就是投机者非常惨淡的一生；再看看世界上那些伟大的投资家，生活是多么幸福。芒格刚刚过了 97 岁的生日，再过两年多就 100 岁了，做投机能做到 100 岁吗？

张　琳：对我们的普通投资者还有哪些建议？

但　斌：投资是一件很难的事情，也是很严肃的事情，要对不同的事物进行分析、洞察、判断，还要战胜内心的恐惧和贪婪，战胜人性的弱点，所以一定要慎重对待。

第一，我反复说千万不能借钱炒股票，千万不要卖房子炒股票，不要从银行贷款炒股票。第二，千万不要听消息炒股票，有些上市公司的老板自己都决定不了自己公司的命运，消息又怎么会准确呢？第三，一定要善于学习，投资还是要更专业一些。资本市场从来都是慷慨的，但它只善待拥有智慧和善于利用他人智慧的人。如果自己没有智慧，就要把钱委托给专业机构和专业的人去做。

张　琳：这是一个竞技场，不是谁都可以在这里做赢家的。

但　斌：所以我们才要不断学习，实际上投资是一门学习的艺术。

一是要善于和前人打交道。很多人写的书，可能 100 年之后就没有人看了，但是如果有人看的话，可能会发现那里面全是精华。

二是要善于跟最伟大的人在一起。比如马斯克就像乔布斯一样尝试改变世界，如果早点认识到他是这样的人，认同他的观点，研究他、跟踪他，那你必将获益匪浅。

很多人大学毕业了就不学习了，甚至考上大学就到此为止了，但是投资不能就此止步。芒格说过，投资，不见 40 岁以下的年轻人，投资是一个要活到老学到老的职业，只有这样才能保持你的洞察力。

主持人手记

作为公认的茅台最大“铁粉”、巴菲特价值投资的践行者和私募界的大“网红”，但斌在市场上的名气实在太大了，而这样的名气和话语权更多是来自他厚实的经历。但斌在近 30 年的投资生涯中，有 20 年以上的时间都是在 3000 点以下度过的，其中至少遭遇过 7 次 A 股市场超过 50% 的下跌，牛市的持续时间从来没有超过 2 年。即便如此，也没有动摇过他坚定做多的信念，今天，这个“做多”的时间跨度已经拉长到了未来二三十年。理由其实很简单，从宏观大趋势做判断，从中观产业方向做把控，从微观好企业做选择。但斌用他自己的经历告诉我们，买入最好的企业，长期持有，越是在最艰难的时刻，越要在正确的方向上坚持，这样才能手握“时间的玫瑰”，穿越历史的河流，共享价值投资的最好时代！